中国民间文艺之乡

河南荥阳

被中国民间文艺家协会命名为

中国象棋文化之乡

中国象棋文化之乡
河南荥阳

主编 陈玮 韩露

中国文联出版社
http://www.clapnet.cn

宾
中国 荥阳

“九五之争”

楚汉中原逐鹿，是中华民族发展史上的决定发展命运的一件大事。楚汉双方在荥阳争战了四个年头，其中隔鸿沟对峙于广武山将近一年，演绎了许多惊心动魄而又意味深长的故事，实乃世界战争史上的奇观。楚尚黑，汉尚红，楚据鸿沟东岸之东广武城，汉据鸿沟西岸之西广武城，牵一发而动全国地日夜鏖战，以夺取天下。

黑红隔河界排兵布阵，军事艺术化于象棋，显现底蕴浑厚。象棋棋盘正中为河界（俗称楚河汉界），两边纵横线条分别是九竖五横。尽管现今的制式象棋乃古代象棋步步演进而形成，但到此形制确属是“质”的飞跃。原本，古代象棋的主旨是“四象之博”（即《易》学之“八卦成列，象在其中”，流传出去便形成了国际象棋，亦与荥阳丕山、苿山，河洛象易深有渊源）；到晚唐、五代、北宋初年，以楚汉逐鹿，广武对峙为意蕴，艺术化于象棋，象棋的主旨便演进成“九五之争”。中华文明博大精深，寓意奇妙。传统文化中，竖指的是高，九乃数之极，九竖寓意为最高：九天、九霄、重霄九；横指的是方位，五乃所有方位之概，五横寓意为最广：东、西、南、北、中（或金、木、水、火、土）；竖九横五所涵有的“九五”意指政权，天子之位：九五之尊、位登九五。

黑红隔河界排阵行兵，即“九五之争”，活脱脱地把楚汉逐鹿、广武山隔鸿沟对峙的历史意蕴，策源为象棋文化。

让民间文艺之花在乡土中绽放

罗 杨

当插秧机在田野里穿梭，打春牛的习俗还会有吗？当电视机进入千家万户，还有老人娓娓道来地讲故事吗？当天气预报准确预测风霜雨雪，农谚还能在生活中流传吗？当嫦娥飞船已经成功探月，嫦娥的传说还保有那份神秘色彩吗？当藏族牧民搬入城镇，格萨尔史诗还能吟唱多久？当农民迁入楼房，古村落社火庙会还会热闹地上演吗？凡此种种，都不禁令人叩问不已。

民间文化是民族文化的摇篮和根基，然而，在全球化发展日趋迅猛，各种思想文化相互激荡的今天，很多民间文化遗产，特别是深藏在偏远乡村的文化遗产正面临窘境：有的因无法传承而濒危，有的因未被重视而灭绝，有的因过度开发而变得面目全非。由此，人们越来越深刻地认识到，保护本民族和本地区的文化遗产，彰显其别具一格的地方文化特色，已成为捍卫民族民间文化独立性的必然选择。由中国民间文艺家协会开展的中国民间文艺之乡命名工作，就是一项对地方特色文化进行保护传承的有效举措。

人类生活不仅需要一个生态良好、宜居幸福的物质家园，还要有一个能够让人们随眼入心留下鲜明历史和文化印记的灵魂居所。只有保留住灵魂的家园，才能使人在浮躁的社会里得到更多的心理安宁和身心愉悦，从而提高生存和发展的质量。反之，如果忽视了对当地民俗的尊重和精神传续，就等同割断了历史记忆和文脉传续。这样的家园即使房子盖得再好，设施再现代化，都会使人产生陌生和距离感，无处安放和抚慰屡遭纷扰的心灵。而被需求呼唤出来的民间文艺之乡，正是当今人们赖以生活的家园和灵魂的庇护所。活态沿革的民间文艺之乡不仅记录着本地区历史文化发展的轨迹，也反映着当地民众的道德观念和审美情趣。丰富的历史文化基因和独特的心灵密码使之成为当地人民群众灵魂的归宿。试想，如果没有那些世代流传于村巷阡陌，铭刻于民众心头，穿越历史时空的神话、传说、故事、歌谣以及代表地域特色的民间习俗，人们该如何回味家园和故乡？民间文化寄托着民众的欢乐和悲伤，引导着民众对宇宙、历史、地方和家园万物的理解。离开了民间文化，人们将无法识别和了解一个地方的地域特色和乡土文化。可以说，在广袤的国土上，到处都有独特的地理景观和与之相观照的民俗文化和风物传说。也正是由于有了风土人物等民间文化的晕染，才使一个原本只是地理意义的地方产生了诸如精卫填海、嫦娥奔月、天女下凡、得道升天、风水堪舆、福地洞天等富有传奇色彩的文化意义，有了超越自然景观以外的丰富内涵，从而为本地人勾勒出一幅寄寓心灵深处的乡土画卷，为外来者呈现出一个令人神秘向往的世界。青田的石雕文化，荆州的三国文化，庆阳的香包文化，宜兴的紫砂文化，丽水的龙泉青瓷……人们常常会追问，为什么阆中有个春节老人？为什么涉县唐王山有座女娲宫？为什么这里是愚公的故里？为什么那里是孟姜女哭长城的地方？为什么沙田唱水上民歌？为什么祁连唱藏族拉伊……正是这些历久弥新的风物传说和文化事项，才使一片原本洪荒的土地成为具有深厚文化底蕴的沃土，成为受人关注的地方，也令民间文艺研究者接踵而至。他们对民间文艺之乡的关注并不在于山川秀丽，山花盛开的自然世界，也绝不是要铺陈出一个自然地理的图卷，而是要展开一幅铭刻在中华儿女心中的人文地图。

民间文艺之乡不容造假和忽悠。随着中国社会经济的发展，民间文化建设越来越受到各方面重视。很多地方通过对本地民间文化的深入挖掘和整理，建设成为富有历史底蕴和文化特色的民间文艺之乡。与此同时，我们也注意到，一些地方出现了拼命寻找和争抢民间历史文化资源的现象，甚至夸大其词制造假象，出现了“先造谣再造庙”浅薄浮躁的诟病，甚至以传承文化的名义打造出一批真实性与文化内涵近乎乌有的假景观和假人物，并借此大搞商业开发活动。所谓的品牌与名片可以有助于文化的传播与发展，但如果缺失了对文化的虔诚和敬畏，就会造成对文化传统的歪曲和贬低。正因如此，民间文艺之乡的创建应该有自己的品位与追求，有自己的境界与底线，不能停留在市场运作与传媒炒作的层面，不能停留在招牌与名片的层次。任何与民间文化遗产相关的开发项目，都应当考虑其对文化传承的影响。要避免过度开发和不当开发破坏其固有的遗产价值。如果只是按照旅游经济的需求重塑文化认同，以假冒的民间文化代替原生态民间文化，既严重亵渎了民间文化资源，又浪费了大量经费，则必然会贻害子孙，贻害社会。

民间文艺之乡不仅仅是品牌和名片。祖先给我们留下的壮丽河山与丰富的人文遗产，首先是对人类文化多样的完美演绎，是对人类精神世界的满足，是对人民文化生活的丰富，是对人们道德情操的滋养，是对民族精神的凝聚与升华，是对悠久历史与美好未来的寄托与拓展。申办民间文艺之乡只是捍卫传播乡土文化的动力，保护文化根基才是根本，绝不能把“品牌”和“名片”作为建设民间文艺之乡的目的，不应把富矿般的民间文化资源当作商业标签来使用。申报民间文艺之乡决不能只看重一地一时之利，决不能寅吃卯粮鼠目寸光，要有风物长宜放眼量，着眼长远和未来的襟怀和气魄，把着眼点放在民族民间文化和人类文明的未来上。

民间文艺之乡留给我们的是民俗文化传承和积淀的财富，命名民间文艺之乡不是民间文艺抢救保护工作的结束，而是文化传承弘扬和发展的接力跑。民间文艺之乡经专家认证命名后，当地的建设者们还要花更大、更多的人力、财力和物力去确保民间文化“原汁原味”地传承下去，使它的历史价值和文化意义不止步于过去和眼前的光鲜，而是在未来焕发出更加绚烂的光彩。

实践证明，民间文艺之乡是保护抢救民间文化遗产，建设中华民族共有精神家园的有效载体。凡是民间文艺之乡发展好的地区，都呈现出经济发展、社会和谐的局面。人民群众对乡土文化的高度热爱和广泛参与，正在被内化为保护非物质文化遗产的文化自觉，这种文化自觉被转化为巨大的精神动力，在新农村文化建设、构建社会和谐中正释放出不可低估的能量。通过民间文艺之乡的品牌效应，真正实现了历史文化得以彰显，文化设施不断完善，文化精品层出不穷，文化市场繁荣有序，文化产业协调发展，群众文化丰富多彩，文明程度明显提高。因此，充分发挥民间文艺之乡在推动社会主义文化大发展大繁荣中的作用，将是中国民协一个长期的课题和长远的任务。

我们非常高兴地看到，通过我们多年的不懈努力，民间文艺之乡在保护非物质文化遗产、开创地域文化品牌、振奋民族精神、促进地区经济发展与社会和谐中正发挥着不可替代的作用。很多地方政府充分认识到了民间文艺之乡在新农村文化建设中的价值和作用。他们以民间文艺之乡为依托，以树立文化品牌为己任，着眼于文化类型和区域文化的特点，以政府、专家和人民群众的共识为合力，立足保护和传承本地独特的民族文化、传统文化、地域文化等，挖掘整理抢救地区历史和民族文化中蕴含的思想情感、道德观念、信仰意识、价值取向、风土人情、民俗文化等核心内容，对成为当地形象“名片”的文化符号、文化景观、文化标志加以保护和宣传；将地区特色文化融入经济社会发展和新农村建设的方方面面，有效地保持了文化的历史性、丰富性以及多样性、新颖性。我们相信，民间文艺之乡的建设和发展，必将谱写出当代新农村文化和精神家园建设的和谐乐章，必将为后人留下一幅历史文化记忆和地域风采的绚丽画卷。

目　录>>>

序

荥阳的山川负载着荥阳的历史，印满了先人们的脚印。后来者的足迹，常常把前人的足迹遮掩消磨，让经历过的许多往事模模糊糊宛如云烟。但拨开岁月的风云变幻，时光留在山川和原野上的文化印痕透过烟尘依然熠熠生辉。

这里面，有凿石磨贝的巧智、有挥汗如雨的耕耘、有含辛茹苦的编织、有金戈铁马的啸歌；这里面，充满了人性对善美的追求、充满了族群对生存的执着、充满了生命对发展的坚毅、充满了繁衍对智慧的升华。

以荥阳的名字“荥阳之荥”来说，它得之于《禹贡》所记载的“荥播既潴”（即“济水穿河南溢”形成荥泽，后来又由韩国在荥泽之北筑城，而有荥阳）。这虽然是4000多年前的事儿，但仍属于“后文化”，只是“荥”发音得名的因由，而不是这一方热土的文化起源。荥，原写作熒，音“熒（hóng）”。许慎的《说文解字》记述：“屋檐下灯烛之光。”这个见解是许慎依据自身体验的“谨慎”见解。很可能许慎没有掌握“金文”的熒（[illegible]）字，不知道“冖”（mì）下之火实为火塘，而非“屋檐下灯烛之光”。他更不知道新石器时期“炎帝以火施化”，用“木骨整塑”来建造民居。

若由“熒（hóng）”形成的时期往前溯，岁月似乎更加渺茫，先人们的身影也更加隐淡。不过，荥阳还有浮戏山、大伾山和三皇山在作证。古代的浮戏山因古人同音借字的习惯，实和伏羲同在；大伾山呢？也自山脚下河洛交汇的水纹展现出“黑白鱼”，到演绎八卦悟出“丕变象易”，从而奠定了“易”学的基本哲理，一代代相袭相传。人们完全可以看到伏羲氏在丕山一带发祥，并创造出永垂不朽的文化形态。

荥阳浮戏山中部北麓一座海拔452米的天然石厦也在为荥阳的历史作证。这座石厦被人们称之为织机洞，面临索水南源的源头处。它以两万多件石器、一万多件动物骨化石，说明30万年到2万年之间人类如何在此生活与创新。

“荧（hóng）”，也许象征着“炎帝以火施化”的鼎盛时期。在这一个时期，先有聚落民居（木骨整塑）的出现，陶器的出现；又有彩陶制品的出现，男女双人合葬墓这一社会生活形态的出现。而后，炎帝文化逐步为黄帝文化延续和融合。《姓氏考略》记述了“榆罔之子曰雷，封于方山”；《中华先蚕嫘祖考》记述了“嫘祖为炎帝八代孙榆罔的孙女，遂又姓方雷”；《通志·氏族略》记述了“黄帝曾娶方雷氏之女为妻，生玄嚣”；《国语·晋语》记述了“青阳，方雷氏之甥也”；莫不表明先蚕氏嫘祖乃炎帝之裔，生于方山，后嫁于黄帝为元妃。世界上最早的丝织品出土于此；缦、素古丝帛原始产地于此，实实在在地表明这儿是嫘祖的故里。

荥阳不仅是中华文明的重要发祥地，而且在中华民族兴旺发达繁荣昌盛的整个进程做出独具特色的极为辉煌的贡献。仅从一部恢宏巨著《史记》中提到荥阳这一地名达160次之多，即可识全豹于一斑。至今，荥阳市境内有国家重点文物保护单位9处，河南省文物保护单位14处、郑州市文物保护单位30外、荥阳市文物保护单位40处，有国家及河南省非物质文化遗产5项、郑州市与荥阳市非物质文化遗产37项，民众还自发地举办了中国·首届荥阳郑氏文化节、首届中国象棋文化节、荥阳首届中国诗歌文化节，以及嫘祖文化节、河阴石榴文化节、三皇山桃花节等文化节日。这一切进一步表明了荥阳历史人文资源既厚重又深邃。由此看来，象棋文化策源于荥阳，绝非偶然。

象棋是人类智慧的结晶，是中华民族贡献于人类社会的瑰宝。象棋益神润思，蕴含哲理，启迪辩证思维，陶冶变易认知，集文化、科学、艺术、竞技为一体，倍受广大人民群众的喜爱。象棋最初见诸文字，已有2000多年的历史了（见屈原《招魂》），在它发展演进的过程中，不同的发展阶段有着不同的或俗定约成，或制艺传承的形态。从“六博”、“塞戏”、周武《象经》。“宝应象戏”，乃至由唐末、五代、北宋民间逐渐形成而今日国家定为制艺形态的象棋，它们的文化之根都与荥阳的山川有关、都与中华传统文明有关。

丕山脚下河洛交汇所形成的“黑白鱼”图像，及“河图”“洛书”；丕山山上伏羲演八卦之伏羲台（民间传说遗址）；特别是丕山又称之为芣山的山名本身的文化内涵；不容置疑地表明这儿是《易》学的起源地。北宋初年的苏绣象棋棋盘的实物，证实现今的国际象棋源自中国的古代象棋，其文化基因源自《易》学、源自河洛。棋盘的“八八六十四格”，缘于六十四爻；每相邻两个格子的黑白色缘于阴阳（即两仪）；其黑白相间的四个格子缘于四象（即少阴、少阳、老阴、老阳）；也就是《易经·系辞传下》所说的："易者，象也"、"八卦成列，象在其中"；这，正是象棋得名的根本由来。古代象棋（国际象棋）的真谛，就在于"四象之博"。

现今制艺形态的象棋，起于民间已有两千多年的历史。其根本的文化内涵，源于中原逐鹿、源于楚汉在荥阳广武山隔鸿沟的对峙。至今，广武山头还隔广武涧矗立着西广武城（汉王城）和东广武城（霸王城）两座古城遗址。这两座古城遗址和其间的广武涧，为国家重点文物保护单位。这道"绝涧断山"的广武涧乃鸿沟初始的联通河济的水路，也是汉王与霸王"中分天下"的标志。它艺术化于象棋盘为"楚河汉界"，两边的九竖五横的纵横线，表达着楚汉争夺天下的"九五之争"的意蕴。

自古以来，荥阳人代代喜爱象棋，象棋活动遍及城乡，人与人之间、村与村之间、城镇街道之间，象弈时时显现出亮丽而隽永的风景线。同时，也形成了淳厚质朴的棋风棋俗。不仅流传着过往岁月里象棋在演进中的布子、行子的形态，还珍藏且传承着宋代铜铸象棋，元代铜铸象棋，以及年代更加久远的象形象棋，诸多珍贵的实物，而且流传着许许多多关于象棋的谚语、成语、歇后语和传说。有些传说十分优美，感动人心，像《礼让为先》这则故事，就体现着象棋文化滋润心灵的人性美。象棋在荥阳，极大地丰富了群众的文化生活，陶冶了人们的心灵，普及了辩证思维，升华了精神品格。为此，荥阳民间还自行展开了象棋文化的研究和弘扬。具有较大影响的专著《象棋文化底蕴》、《国际象棋的文化基因源自河洛》以及《四象之博》、《九五之争》，都是多年以来所取得的科研成果。

近年来，荥阳还多次举办了全国性的象棋重大赛事和象棋文化节，众多的象棋大师和象棋特级大师以及成千上万的象棋爱好者到荥阳"象棋文化寻根游"。"中国民协""河南省民协"的专家们深入、认真的到荥阳城乡关于"象棋文化之乡"作了详细考察，并于2013年5月17日正式命名荥阳为"中国象棋文化之乡"。无疑，这对荥阳象棋活动和象棋文化进一步弘扬发展，起到了巨大的推动作用。而后，《象棋文化博物馆》及各种态势的象棋文化产业，自是应运而生、蓬勃发展。

荥阳人民正在同心戮力地实现伟大的中华民族崛起、复兴的中国梦，厚重而丰富的历史人文资源当以独具的优势，灿烂于历史的进程，荥阳的山川必将"如此多娇"地傲然于中原。

中共荥阳市委书记 宋书杰

第一章

荥阳·中华文明之重要发祥地

荥阳位于中州之腹心地区，属河南省郑州市，紧临郑州市区西侧而又包含上街区。南有浮戏山（方山），北有广武山（三皇山、敖山），西有大伾山（丕山、茉山）。南接新密，西连巩义，北隔黄河与温县、武陟相望。织机洞早在四十多万年前即有先人们生活、生存之活动；河、洛、济三川相汇于大伾山，相传伏羲于此演绎八卦；三皇山及其山麓，裴李岗文化时期、仰韶文化时期的遗址密布；荥阳之荥，昭示着木骨整塑建造民居之盛，为炎帝之墟、祝融之域；青台遗址出土世界上最早的丝织品，且古丝帛缦、素（索）初始产地尽在荥阳，乃先蚕之域，嫘祖故里；相邻青台遗址之旃然河下游的十多公里处，又有轩辕时期的郑州西山古城遗址。后因济水南溢，「荥播既潴」，建城荥泽之北而得名荥阳。商代仲丁都于敖，东周初年东迁郑国初都于京（郑繻公又"城京"）。秦时初设县，属三川郡；旋又成为郡治所在地。而后，三国曹魏乃至西晋始设荥阳郡，历代多为州、县治所。

荥阳地势与山川分布图

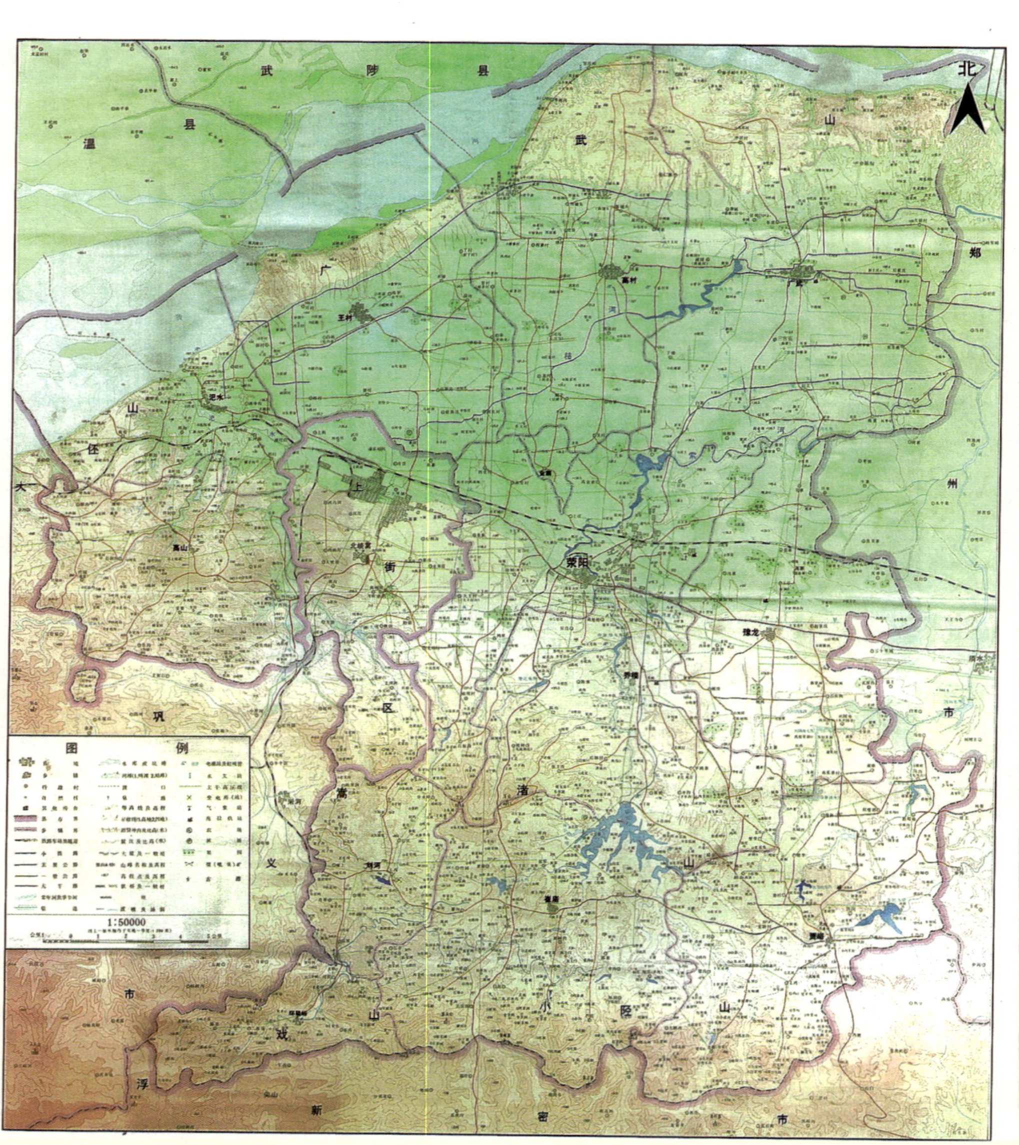

一、地理形胜钟灵毓秀

荥阳市位于中州腹心地区，属河南省郑州市。东邻郑州市区而内含上街区，南接新密市，西与巩义市紧连，北隔黄河与温县、武陟相望。地理坐标在北纬34°36′至34°59′，东经113°07′至113°30′之间，处于中朝古陆华北台地南部边缘。南、西、北部皆为丘陵山地，中、东部为平原。南部浮戏山（方山）由嵩山北麓延伸而东，从巩义进入荥阳，沿荥阳、新密两市交界处蜿蜒百余里，伸进郑州市西南郊。其主体部分在荥阳与巩、密错踪叠迹处，属上古轩辕丘西陵地区，历史人文资源极其丰富，有织机洞、蝙蝠洞等多处旧石器时期遗址。浮戏山为山脉总体名称，也为主体部分名称，百多里内不同的山岭、山峰尚有各自的名称。在荥阳境内者，诸如（依次由西而东）：嵩渚山（五云山、三山、万山、岵山）、小陉山（大周山、谷山、焦山）等等。荥密交界处之祖始山海拔994.1米，乃域内最高峰。西部大伾山（丕山、芣山），也来龙于嵩山北麓，递降而北，历河、洛、济三川交汇之地。在古代，它

织机洞

汜水古战场

斜拦大河使之北折；后为大河截腰冲断，形成今日河岳（嵩岳）交会态势。传说，伏羲在大伾山演太极画八卦，此山的另外两个名字：丕山、苯山，即蕴含着丕变象易之哲理。著名的虎牢关（制邑、严邑、成皋）即在河、洛、汜三水交汇处的大伾山头，古有“三秦咽喉，两京襟带”之称，乃军事要隘。北部广武山（三皇山、敖山），西与大伾山若断若连，隔汜水（玉仙河）相属相伴而成“玉门”。玉门古渡口之东，山峦耸起绵延，东行60余里而后，入郑州市惠济区，山势陡绝，毛主席视察黄河的小顶山在焉。广武山虽不甚高（西主峰敖顶海拔257.1米、东主峰武公岭海拔254米），但它北临河、济，地理位置十分重要。山上，遍布裴李岗时期和仰韶时期文化遗址，与传说中伏羲氏、神农氏、黄帝（三皇）在此休养生息相符合。古代，济水穿河“断山”南溢，“荥播既潴”而成荥泽；泽北造城，遂有荥阳。荥阳区内之水，除广武山北夺济水水路东流之大河外，古代尚有贯通荥泽与河、济之阴沟和汳水，以及人工借此修筑的鸿沟。战国时，筑城鸿沟两侧，是为东西广武城。此二城，因霸王项羽和汉王刘邦曾分据对峙，后人又称之为汉霸二王城（今，为国家重点文物保护单位）。另外，3条姊妹河汜水（玉仙河）、枯河（旃然河、砾石溪）、索河，皆源于浮戏山而北流。汜水汇曼水，经玉门入黄河；枯河至广武山南麓东流入黄（原入淮）；索河也折向东行汇入京、须两水而东南流入淮。浮戏山东麓有贾峪河（重泉水、郑河）北流，入郑州市区。

荥阳属温带气候，四季分明，年均气温14.3℃，无霜期近222天，降雨量约645.5毫米，倾向于半干旱。地下水资源比较丰富，惜多年来水位下降。

陇海铁路、郑西高速铁路，310国道、连霍欧亚大陆桥（连霍高速），横贯全境。乡乡村村皆通公路，且有6条宽阔的市内大道直通郑州市区。

二、中华文明之重要发祥地

荥阳历史悠久辉煌灿烂，早在距今30万年至2万年前，浮戏山区的织机洞（国家重点文物保护单位）等遗址表明这一带就有了原始人群的活动，并创造了中原地区最古老的文化。到了距今9000多年至4100多年前，先人们的足迹更

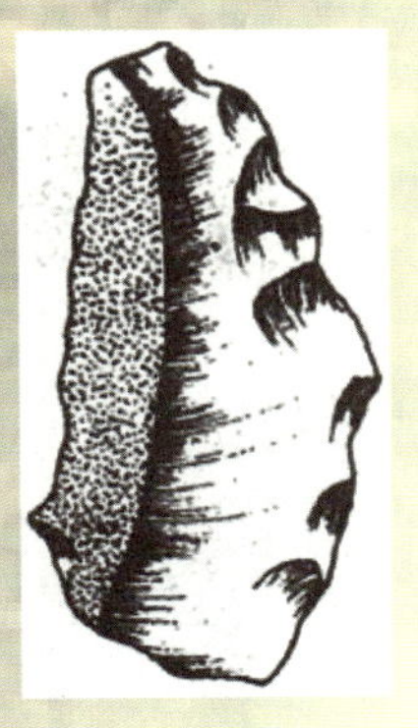

旧石器时期刮削器

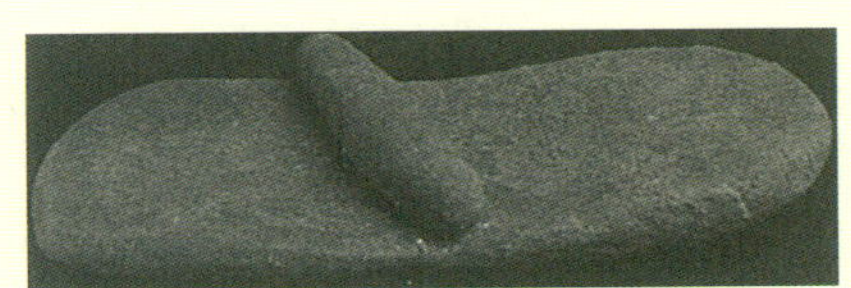

裴李岗文化时期石磨盘、石磨棒

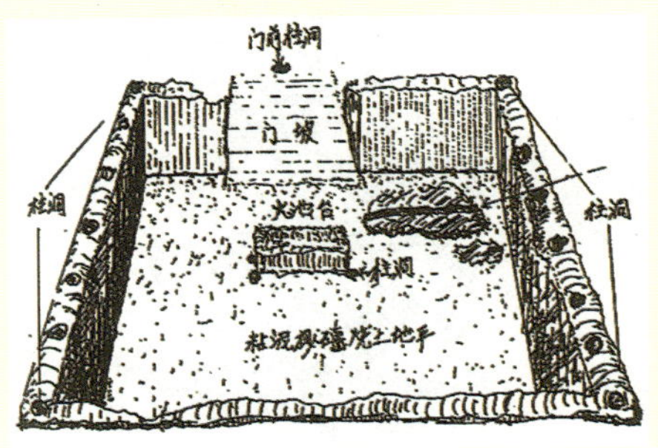

“木骨整塑”新石器时期民居示意图

是遍布全境，且处于划时代发达的阶段。首先，伏羲氏流传下来许多关于“识太极，演八卦；创丕变象易”的非物质文化遗产。而荥阳之“荥”和仰韶文化

遗址中“木骨整塑”建民居，进一步证实了这儿在古代是“炎帝之域，祝融之墟”。荥之本身，古写古音为“熒（hóng）”，“从炎从冖”，金石文写作“𤇾”，秦王寨、青台仰韶文化遗址（此两处，皆为国家重点文化保护单位）的初步考古发掘，其民居结构皆以惊人地相似而加以表明。黄帝元妃

熒字的金、篆两体

嫘祖，乃西陵方雷氏；其父名雷，为炎帝八世孙榆罔之子，封于方山（浮戏山），故嫘祖称为方雷氏，青台遗址出土了世界上最早的古丝帛，证实了荥阳乃先蚕之域。古丝帛“缦”始产于汜水、曼水交汇之流域；“素”始产于索（古时亦音素）水流域，更证实了丝绸之源源于荥阳。青台遗址往东，不足10公里处，同濒旃然河北岸，有轩辕时期之西山古城遗址（今属郑州），考古界誉为“中华第一城”。夏代，有大师姑夏城遗址；商代，仲丁迁都于敖（惜，敖都沦入黄河），且有娘娘寨遗址；周代，郑人居京，有京城遗址（以上3处遗址，皆国家重点文物保护单位）；秦末汉初，楚汉逐鹿对峙于广武；隋末唐初，秦王李世民克夏王窦建德于武牢（虎牢、成皋）；荥阳屡为通衢要隘与王

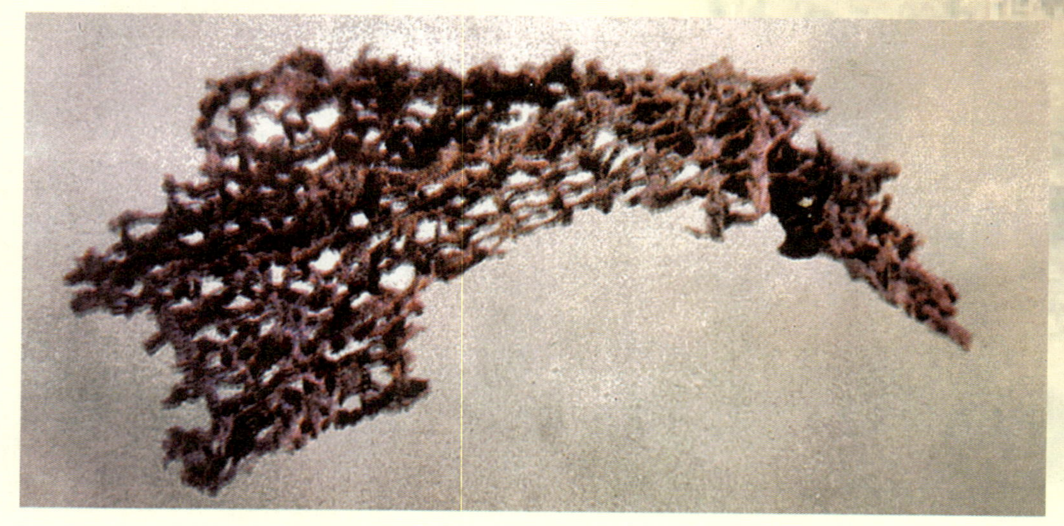

青台仰韶文化遗址出土之丝织品

郑州西山古城遗址

都京畿之地，遂匡正天下，在中华民族兴旺发达的历史进程中，谱写了焕然昭然的篇章。

三、历史沿革

据传说，且经旧、新石器时期的遗址、遗存所证实，荥阳上古为三皇发祥之地，长期属炎帝之域、祝融之墟，而得“焚（hóng）”标名。

夏代 大禹治水代虞为夏，划九州，荥阳属豫州，有夏城于索水之侧。

商代 荥阳有明确建置的最早记载。帝仲丁(商汤以后第十王)迁都于敖，敖城城址在荥阳北部古敖山(今广武山)上，已沦入黄河。

周代 西周初，周武王之叔父虢叔被封建国于此，史称东虢。春秋初，郑国初都于京城，后迁溱洧；郑繻公时，复“城京”。韩哀侯灭郑后，属韩国。

秦 公元前249年，秦伐韩取成皋(在今汜水镇大伾山上)、荥阳，始属三川

大师姑夏城遗址

娘娘寨商代遗址内城墙

成皋城遗址

京城遗址

郡。旋，作三川郡治所。秦末陈胜、吴广农民起义爆发后，三川郡守李由于此(古荥阳城，即今古荥镇)抗击吴广义军。

汉 西汉初，改三川郡为河南郡，置荥阳县。又置京县(治所在今豫龙镇京城内)、置成皋县(治所在汜水镇成皋城内)。三县均属河南郡。东汉属司隶河南尹。

魏晋 三国魏属司州河南尹荥阳郡，西晋因之。

南北朝 南朝刘宋时属司州荥阳郡。北魏于太和十七年(493)将荥阳郡和荥阳县的治所均迁设在大栅城(即今之荥阳老城)，辖荥阳、成皋、密等五县。东魏

属北豫州荥阳、成皋二郡。北齐改荥阳郡为成皋郡，废京县并入荥阳县。北周属荥州。

隋　初属荥阳郡，不久废郡、置州，属郑州。炀帝即位，再改州为郡。开皇四年(584)划荥阳县东北部置广武县，仁寿元年(601)改名荥泽县。开皇十八年(598)改成皋县为汜水县。

唐　初属河南道郑州荥阳郡、河北道孟州。高祖武德四年(621)，在虎牢置郑州，以汜水县附郭，并分置成皋县。贞观初，又废成皋县并入汜水县。贞观七年(633)徙郑州州治于管城。武则天时，改荥阳为武泰县，改汜水为广武县。中宗神龙元年(705)复旧名。

虎牢关古驿道

玄宗开元二十二年(734)，从汜水、荥泽、武陟三县各划出部分地域，设立河阴县，属河北道孟州，辖境在今荥阳北部，地跨黄河北岸的部分地区，主要目的是为管理运河上重要的粮食转运设施——河阴仓、输场、转运院等处的事务。其治所约在今高村乡北部刘沟村东北附近的黄河故道中。肃宗至德二年（757年）郑州复置于武牢，荥阳仍属焉。

五代十国 荥阳、汜水、河阴、荥泽因袭仍旧，分属郑州和孟州管辖。

宋、金 北宋属京西路北路府孟州和郑州，有荥阳、河阴、汜水等县。汜水县于宋熙宁五年(1072)并入河阴县，元丰二年(1079)复置。金时属南京路郑州。

元 属河南江北等处“行中书省(河南省)”汴梁路郑州。

河阴县唐之治所被黄河水冲毁，迁治所于大峪口(今广武镇张沟口外)。

明 属河南布政使司开封府郑州。洪武初年，河阴因大峪口河阴县治所遭河患，废；河阴县治所迁广武山南之黄店街，即今广武镇。洪武初复置汜水县。

清 初属河南开封府。雍正二年(1724)，升郑州为直隶州，辖荥阳、荥泽、河阴、汜水四县，十二年(一说十三年)复归开封府。乾隆二十九年(1764)，并河阴县人荥泽县(治所设古荥阳城中)。光绪三十一年(1905)，郑州又升为直隶州，辖县如前。

民国 初属河南省开封道，后属第一行政督察专员区。民国元年(1912)，恢复河阴县。民国二年(1913)，裁郑州直隶州。民国二十年(1931)，合并荥泽、河阴二县，成立广武县。

民国三十七年(1948)，汜水、广武两县合并，成立成皋县，治所设于广武城。

民国三十八年(1949)初，中共郑州地委与郑州专员公署成立，办公地由登封大金店迁荥阳，辖新郑、郑县、密县、登封、巩县、荥阳、成皋7县。

中华人民共和国 初属郑州专员公署，后属开封地区，再改属郑州市至今。

1951年3月，成皋县治由广武城迁至汜水城。

1954年2月，中共郑州地委和郑州专员公署由荥阳迁至开封，改称开封专区，辖荥阳、成皋等县。

1954年6月，荥阳、成皋两县合并为荥阳县，县治在荥阳城。

岳阵图水库

1958年，荥阳改隶郑州市管辖。同年，国家在荥阳西部腹地设立上街区，归属郑州市管辖。

1961年12月，复归属开封专(地)区管辖。

1971年11月，再次划归郑州市管辖。

1994年4月5日，国务院批准荥阳撤县设立县级市，仍属郑州市管辖至今。

四、社会形态

荥阳市辖区，南北最长处45.5公里；东西最宽处37.6公里；总面积908平方公里。共辖9个镇、3个乡、1个风景区、2个街道办事处，常住人口60.3万人。其中，少数民族约11413人（回族11378人，其他民族35人）。

荥阳文化，传统源远流长，关于上古人类活动的传说，流传达四、五千年之久；在还没有“荥阳”这个地名的时候，《禹贡》、《竹书纪年》、《左传》、《国语》等经典史籍，已常常以“敖”、以“荧”、以“京”、以“虢”、以“丕”，记述这一方热土；《诗经》也有《车攻》、《叔于田》、《大叔于田》多篇诗章为之传诵；到了战国初年，韩筑城荥泽之阳，荥阳便以战略要地于周显王四十六年（公元前323年）显身于历史经典（见《史记•张仪列传》）。司马迁在《史记》这部伟大的著作中，160多次地讲述荥阳，可见荥阳在中华民族发展史上的地位是多么重要。曹操、李白、杜甫、王维、白居易、韩愈、刘禹锡、李商隐，以及宋代以后的吕蒙正、欧阳修、王安石、司马光、元好问、于谦等等许多伟大的诗人与文豪，皆留下了题咏荥阳的著名诗篇；而杜甫赞美荥阳为“荥阳

“荥阳”北魏郑道诏书

千尺塔（宋 · 圣寿寺塔）

明代道观飞龙顶

三坟抗日豫西支队后方医院故址

冠儒众”、“荥阳秀”，更为百世流芳；史篇《中原逐鹿》、小说《虎牢关三英战吕》、传奇《李娃传》、戏剧《温酒斩华雄》、曲艺《豆（窦）入牛口（秦王李世民生擒夏王窦建德）》、歌舞《笑伞（程咬金化妆取荥阳）》、鼓词《十八家反王会荥阳》等等即世名篇，皆来自荥阳的时代风情。汉代即有私人办学，唐、宋及其以后，书院、义学、社学、私塾等各类学校相继相长；清末，全县（荥阳、汜水、河阴、荥泽）创办各类学堂160多所；新中国成立后，教育事业发展更为迅速，1984年经郑州市政府检查验收，荥阳“基本达到无文盲县”标准，7岁至11岁儿童入学率占98%以上。

荥阳人民质朴勤劳，境内信仰自由，各宗教和谐发展。道教、佛教、伊斯兰教、天主教、基督教各有自己的观、庙、寺、庵、堂多处，作传道、传教活动场所。像道教之飞龙顶、佛教之洞林寺，伊斯兰教的东郭清真寺、油坊天主教堂、西街基督教堂，都有一定的名气。

五、日新月异的经济发展

2万到10万多年前，生活在荥阳这片土地上的先人们，为丰富和美好自己的生活，创造出了品类繁多的旧石器；而后，又创新改进创造了更利于改善生活的新石器和制作陶器；同时，以绝顶的智慧和不懈的辛劳首创了人世间的丝织品；接着，商周的铜器，汉代的冶铁，西晋、南北朝的瓷器，都以划时代的风情面世，展现了荥阳人杰地灵。

改造山河

南水北调中线穿越黄河

中华人民共和国建立以后，百业兴旺，经济建设一改“一穷二白”的面貌，有了长足的进步。特别是改革开放以来，经济更有了飞跃的发展。截至2005年，全市工业企业已有6831家；建筑机械、阀门、铝电、医药、汽车制造形成了荥阳的五大支柱产业。阀门和建筑机械占全国半壁河山，白刚玉出口居全国第一，少林汽车名列全国客车生产的第5位。还是夏粮生产的先进县、全国绿化达标先进县、全国节能日光温室示范县。近年来，借助“南水北调”由荥阳穿越黄河的伟大工程，及高速铁路郑州西站设于荥阳的历史际遇，东引东进融入郑州，一步步美化为郑州市的西花园。

六、文化名胜

荥阳是一片神奇的地方，仅全国重点文物保护单位就达9处之多，再加上14处河南省文物保护单位、30处郑州市文物保护单位，可知荥阳的历史人文资源是非常厚重的。远在西汉，大司农桑弘羊就把荥阳称之为“天下名都”；司马迁在他的《史记》中，关于荥阳的记载就有160多处。夏人筑城、仲

郑韩古长城

檀山禹锡园：正门

坛（檀）山李商隐墓

梅山瀑布

丁都敖、东虢形胜、郑国“城京”，都在历史上留下了繁荣中原的佳话。秦末之楚汉逐鹿、隋末之“武牢之战”、明末之农民起义军荥阳会盟，更是脍炙人口。今日荥阳两大旅游名胜带，南面浮戏山（方山）多为古文化游，织机洞旧石器遗址和环翠峪嫘祖故里吸引着无数炎黄子孙；北面的广武山（三皇山、敖山）偕同大河多为古战场游，汉霸二王城和鸿沟遗址、牛口峪生擒窦建德处、以及虎牢关（武牢、成皋）演义中的“三英战吕”决胜地，无不召唤华夏儿女和倾慕东方文明的外国友人身临胜境。其实，浮戏山也留下了“郑韩古长城”和众多的军事城堡，可窥征战风情；而广武山及其南麓也留下了秦王寨遗址、青台遗址、苌村汉墓遗址，令人仰望远古文明而钦敬不已。同时，南山与北山

的自然风光，偏偏又得天独厚。丕山、敖山观大河落日（唐有“夕阳楼”），光怪陆离；武岭凤顶赏大河日出，明霞万千；“河阴石榴”映山榴花红似火，桃花峪赏漫山桃花艳冠春。环翠则以山奇、涧奇、石奇、洞奇和三叠瀑、珍珠瀑、杏花会（漫山四百万株杏树）、红叶节，逗人流连忘返。

如果说南山似青龙、北山似黄龙，那么荥阳市景和相邻之檀山则如同双龙

荥阳市市景

所戏之“宝珠”，风光无比。檀山上有唐代大诗人刘禹锡和李商隐之陵墓，今辟为两座颇有名气的文化公园。再偕同名木珍树郁郁葱葱的植物园和索滨公园，处处让人赞赏不已。

荥阳市市景（夜）

“飞龙”道观、“洞林”佛寺、竹川活水、玉门古渡和岳阵图岳飞以少胜多大破金兀术之胜地，都似灿烂的星辰，晶亮着迷人的景致和感人的故事。

不到荥阳，不懂中华民族历史的深厚；不到荥阳，不知天地造化的神奇。

索滨公园

附录一：荥阳主要田野文物分布略图

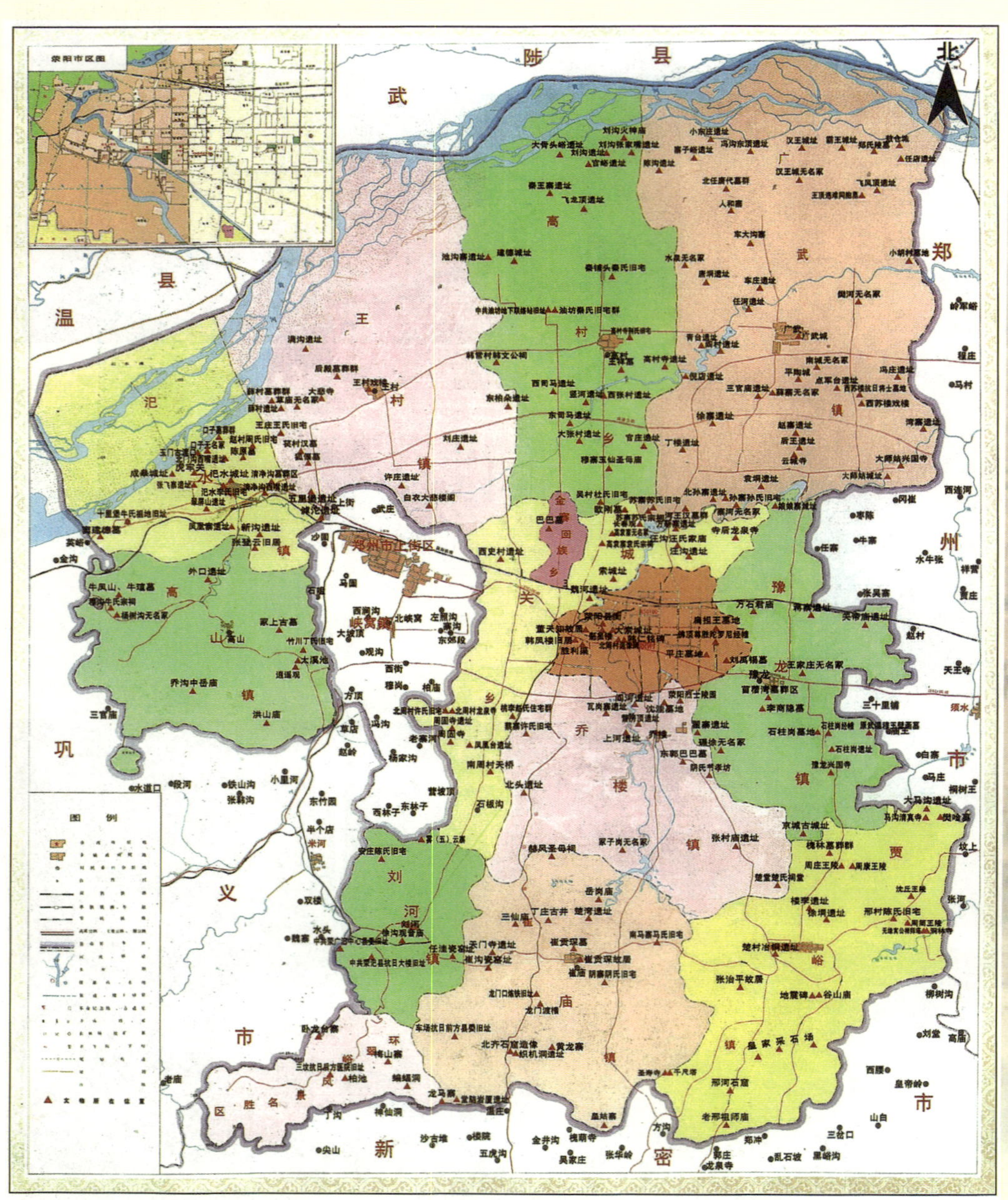

附录二：国家重点文物保护单位

名称	地点	时代	备注
织机洞遗址	崔庙镇王宗店	旧石器时期	
大师姑遗址	广武镇大师姑村	夏、商时期	
青台遗址	广武镇青台村东	仰韶文化时期	待继续发掘
秦王寨遗址	高村乡秦王寨村	仰韶文化时期	待发掘
娘娘寨遗址	豫龙镇寨杨村	商、周时期	
京城遗址	豫龙镇京襄城村	春秋时期	商初，商人封京
汉霸二王城遗址	广武镇汉王城、霸王城村	战国时期	原称西、东广武城
苌村汉墓遗址	王村镇苌村西	东汉时期	彩色壁画墓
千尺塔遗址	贾峪镇大周山顶	北宋时期	又名圣寿寺塔
荥阳故城遗址	郑州市古荥镇	战国时期	今属郑州
西山古城遗址	古荥北部之西山	仰韶文化末期	今属郑州
古荥汉代冶铁遗址	郑州市古荥镇	汉代	今属郑州
小双桥遗址	古荥东南小双桥村	商代早期	今属郑州

附录三：河南省文物保护单位

名称	地点	时代	备注
韩仁铭碑	京城遗址	东汉	现存荥阳文管所
点军台遗址	广武镇城南村	仰韶文化	
无缘寘公禅师塔	贾峪镇洞林寺	明代	
原武温穆王壁画墓	豫龙镇瓦屋孙村	明代	
楚湾遗址	崔庙镇楚家湾村	仰韶文化	
西司马遗址	高村乡西司马村	晚商、西周	
成皋城遗址	汜水镇大伾山上	约前375年	俗称吕布城
佛顶尊胜陀罗尼经幢	广武镇大师姑村	唐代	存北兴国寺
油坊秦氏旧宅	高村乡油坊村	清代早期	清中、后期续建
陈沟遗址	广武镇陈沟村	仰韶文化	
寨子峪遗址	广武镇寨子峪村	龙山文化	
关帝庙遗址	豫龙镇关帝庙村	晚商遗存为主	续有多朝代文化遗存
西史村遗址	城关乡西史村	夏、商	
蒋寨遗址	豫龙镇蒋寨村	晚商、西周	

附录四：郑州市文物保护单位

名称	地点	时代	备注
汪沟遗址	城关乡汪沟村	仰韶文化	
平陶城	广武镇城南村	西周	旧说为东虢都城
狐偃冢	王村镇胡固村	汉代	传说为春秋晋国墓
大海寺遗址	荥阳市人民广场	北魏、隋、唐	有石刻佛像出土
刘禹锡墓	荥阳市区檀山上	唐代	
翟沟瓷窑遗址	崔庙镇翟沟村	隋代	盛于唐代
车庄遗址	广武镇车庄村	龙山文化	西周文化遗存最多
任河遗址	广武镇任河村	仰韶文化	
西张村遗址	高村乡西张村	仰韶文化	龙山文化遗存丰富
北头遗址	槐树洼北头村	裴里岗文化晚期	属索河路街道办事处
池沟寨遗址	高村乡马沟村	仰韶文化	
刘沟遗址	高村乡刘沟村	龙山文化	兼有仰韶文化遗存
唐垌遗址	广武镇唐垌村	二里岗文化	
小索城	城关乡张楼村	西周	有“格伯”封于此
敖仓城	广武镇桃花峪村	春秋、战国	“秦置仓于其中”
邢河石窟造像	贾峪镇老邢村	明代	石窟、石刻
北周村造像碑	城关乡北周村	北魏	龙泉寺内
大马沟遗址	贾峪镇大马沟村	西周晚期	有仰韶文化遗存
任洼瓷窑遗址	刘河镇任洼村	唐代	出土有白瓷器物
李商隐墓	豫龙镇苜蓿湾村	唐代	
石柱岗经幢	豫龙镇石柱岗村	金代	
卧龙台寨	环翠峪风景区	清代	重修
苏氏民居	广武镇苏寨村	明、清	
大师姑兴国寺	广武镇大师姑村	清代	有唐代经幢
油坊秦氏家庙	高村乡油坊村	清代	
谷山庙地震碑	贾峪镇谷山顶	清代	俗称谷山庙碑
阴氏节孝坊	乔楼镇秋社村	清代	
中共油坊地下联络站	高村乡油坊村	民国	
董天知故居	荥阳老城南街	近代	
胜利渠	荥阳中西部	1975年—1977年	俗称“引汜工程”

附录五：荥阳市文物保护单位

名称	地点	时代	备注
凤凰台遗址	城关乡凤凰台村	夏代	夏代文化遗存为主
魏河遗址	城关乡魏河村	龙山文化	
竹川遗址	高山镇竹川村	龙山文化	
竖河遗址	高村乡竖河村	龙山文化	
上河遗址	乔楼镇上河村	龙山文化	
周固寺遗址城	关乡周固寺村	龙山文化	
桑林祷雨遗址	王村镇桑园村	商代	
高村寺遗址	高村乡高村寺村	商代	
大索城遗址	荥阳老城	春秋、战国	属索河路办事处
古郑长城遗址	崔庙镇王宗店村	秦秋、战国	
虎牢关遗址	汜水镇虎牢关村	东汉	
张良寨	广武镇东张沟村	西汉	兼有仰韶文化遗存
汜水城	汜水镇街	汉代	
广武城	广武镇街	汉代	
冢李汉墓	广武镇冢李村	汉代	
王祥冢	高村镇东南	晋代	
北齐石窟造像	崔庙镇王宗店北	北齐	
郑氏陵墓	广武镇桃花峪村	待考	
建德城	高村乡牛口峪村	唐初	
楚村冶铜遗址	贾峪镇楚村南	宋、元	
焉陵王陵	贾峪镇武庄村	明代	
周靖王陵	贾峪镇龙卧凹村	明代	
周懿王陵	贾峪镇槐林村	明代	
沈丘王陵	贾峪镇路岗村	明代	

名称	地点	时代	备注
周惠王陵	贾峪镇楚村	明代	
谷山庙	贾峪镇西南	明、清	
逍遥观	高山镇竹川村	清代	有明碑
巴巴墓	金寨乡金寨村	清代	回族墓
周固寺	城关乡周固寺村	清代	有明代遗存
镇河铁牛	王村镇孤柏嘴村	清代	
老邢祖师庙	贾峪镇老邢村	明、清	
河王汉墓群	广武镇苏寨村	汉代	
穆寨玉仙圣母庙	高村乡穆寨村	明代	
周庄王陵	贾峪镇蒋庄	明代	
牛氏祖地旧址	汜水镇十里铺村	明、清	
冯玉祥语录碑	汜水镇火车站	民国	
中共荥广汜中心县委旧址	刘河镇吴家	民国27年	
中共荥汜抗日政府旧址	刘河镇肖寨	民国33、34年	
抗日支队后方医院	环翠峪景区三坟村	民国34年	
荥阳市烈士陵园	乔楼镇七里村	1995年	

苌村汉墓壁画：车骑出行

原武温穆王壁画墓《仙鹤图》

韩仁铭碑

无缘寘公禅师塔

附录六：国家及河南省非物质文化遗产保护项目

名称	地点	时代	备注
苌家拳	传统体育	国家保护项目	
先蚕氏嫘祖的传说	民间文学	河南省保护项目	正向国家级申报
黄河玉门号子	传统音乐	河南省保护项目	正向国家级申报
荥阳柿树栽培技艺	生产商贸习俗	河南省保护项目	
荥阳柿饼、霜糖制作技艺	民间手工技艺	河南省保护项目	正向国家级申报

苌家拳表演

附录七：郑州市非物质文化遗产保护项目

名称	地点	时代	备注
河阴石榴栽培技艺	生产商贸习俗	郑州市保护项目	正向省级申报
楚河汉界象棋	传统体育	郑州市保护项目	正向省与国家级申报
荥阳穆沟道教祭祀古乐	传统音乐	郑州市保护项目	正向省级申报
荥阳唐乐狮舞	传统舞蹈	郑州市保护项目	正深入考察完善
荥阳笑伞	传统舞蹈	郑州市保护项目	正深入考察完善
荥阳石磨制作技艺	民间手工技艺	荥阳市保护项目	曾远销周边数县
荥阳牛肉垛子	生产商贸习俗	荥阳市保护项目	曾远销洛阳
吕氏刀针疗法	传统医药	荥阳市保护项目	主治咽类

说明：表中后三项，正在申报为郑州市“非遗”保护项目。

玉门号子：拉纤号子实地表演

附录八：荥阳市非物质文化遗产保护项目

名称	地点	时代	备注
万山的传说	民间文学	崔庙镇	
张飞寨的传说	民间文学	汜水镇	
窦王墓的传说	民间文学	高村乡	
石碑岭村名的由来	民间文学	刘河镇	
狼窝刘村名的由来	民间文学	京城路办事处	
严家坟的传说	民间文学	高山镇	
佛姑洞的传说	民间文学	乔楼镇	
三角桃庙的传说	民间文学	高村乡	
鼓谱	传统音乐	索河路办事处	
荥阳民乐队	传统音乐	王村镇	
荥阳肘鸽	传统舞	蹈广武镇	
张公背张婆	传统舞蹈	豫龙镇	
说书（越调鼓词）	曲艺	高村乡	
火烧纪信	戏曲	高村乡	
编织（草帽编织）	民间手工技艺	豫龙镇	
口舌双剑	竞技与杂技	王村镇	
龙泉庙会	民间习俗	城关乡	
广武桃花节	民间习俗	广武镇	
环翠峪杏花会	民间习俗	环翠峪景区	
五云山庙会	民间习俗	刘河镇	
火神会	民间习俗	乔楼镇	
娃娃庙会	民间习俗	乔楼镇	
高村过年	民间习俗	高村乡	
贾峪古尔邦节	民间习俗	贾峪镇	
黄河钓鱼	生产商贸习俗	索河路办事处	
乔楼粉条制作技艺	生产商贸习俗	乔楼镇	
汜水烧饼夹	生产商贸习俗	汜水镇	
小山村柿子醋	生产商贸习俗	贾峪镇	纯天然食品
荥阳薛氏正骨术	传统医药	索河路办事处	

说明：荥阳尚有《运粮河的传说》、《武公岭的传说》、《东道主的传说》、《伏羲与女娲的传说》、《民间绣花技艺》、《庙子卤肉制作技艺》等非物质文化遗产，正在挖掘、整理、申报中。

第二章

楚汉对峙的广武山概貌

公元前二零五年至前二零二年的楚汉之战，主战场在荥阳拉锯似的争夺了四个年头。其中，汉高祖四年十月（汉用秦历，以十月为岁首）至九月，将近一年的时间，隔鸿沟对峙于广武山。楚霸王项羽所占据的东广武城，后人称之为霸王城；汉王刘邦占据的西广武城，后人称之为汉王城；汉、霸二王城和两城之间的鸿沟故道遗址，今日为国家重点文物保护单位。两千多年以来，人们向往并缅怀这一关系到中华民族奋进发展的历史名胜，纷纷游览瞻仰。由此策源而形成的象棋文化，陶醉、痴迷了千、万、亿人。荥阳为此尊崇而自豪。

一、广武山形胜

广武山，在荥阳北部。离荥阳市区约20公里，古代曾称之为三皇山、敖山、敖鄗山。她北临黄河，南望京索沃野，西连大伾山，东俯千里平原，乃历代兵家必争之地。

广武山东主峰高约254米，山上的霸王城和汉王城，中间隔着深涧，分别屹立于两座山峰（峰高193米）。东经广武山东高峰武公岭、桃花峪与黄河游览区紧紧相接；西越飞龙顶、牛口峪和虎牢关军事胜地遥遥相对；南通流经广武镇的枯河（古旃然河、汴河的故道）与黄河大观、风光秀丽的唐岗水库和内涵丰厚的青台仰韶文化遗址等诸多名胜形成鼎足之势。

霸王城、汉王城和分隔两城的鸿沟（这一段又称广武涧）在中华民族发展史上地位特殊，对东方文明的形成与发展具有重要意义。《西征记》云：

武公岭

秦王寨

“三皇山有二城，东曰东广武，西曰西广武，中隔广武涧。”（见《史记正义》、《后汉书郡国志》、《太平寰宇记》等记载）。

公元前205年至前202年的楚汉之战，主战场在荥阳拉锯争夺了四个年头。恰恰是在项羽占据东广武城（故，后人称之为霸王城），刘邦占据西广武城（故，后人称之为汉王城）隔鸿沟相持将近一年的岁月里，使形势发生了根本的变化，项羽由强变弱，刘邦由弱变强，项羽被迫签订了“鸿沟为界，中分天下”的和约。而刘邦依然不肯罢休，稍事准备，即联合诸侯追歼项羽于乌江。许多历史佳话：“龙争虎斗”、“严阵相持”、“楚河汉界”、“中分天下”、“深如鸿沟，难以逾越”、“两雄不并立”、“斗智不斗力”、“分我一杯羹”、“两王相见，必有一伤”等等无不辉映着这里的山山水水。即象棋子的“红”与“黑”，也分别来自汉军和楚兵崇尚的颜色。

二、霸王城

东广武城，筑成于何时？史无确切的记载。因汉王刘邦克成皋、据敖仓，抢先占据鸿沟西面的西广武城；霸王项羽迫于形势，不得不从东部战线迅速回师，其大军紧追汉军之后，抢占并补修此城，而与刘邦隔鸿沟对垒。因之，后人遂称东广武城为霸王城。霸王城原面积有多大？历史也没有确切的记载。根据已知资料，隋唐之时，黄河河道远在四、五十里之外；想当年城中广阔得能屯项羽的千军万马。两千多年沧桑巨变，城北滩地、北城墙、东城墙以及西城墙的大部都崩塌于黄河河道南滚及激流冲刷。现城内南北仅剩百余米宽窄。若从山脚算起，也不过四百多米而已。城内，现由郑州市人民政府立“汉霸二王城”碑，连同鸿沟遗址、汉王城遗址，属于全国重点文物保护单位。

霸王城南城墙尚残存断垣东西长400余米，南城墙东段已随东城墙为洪水坍塌，无可考察。西城墙虽然断断续续残存断壁300余米，北部却塌落殆尽。另，

霸王城南城墙

据古书记载霸王城距汉王城隔深涧仅百余步（古人以单步计数，约70余米），项羽和刘邦隔鸿沟对话及鸿沟主干道位置来推测判断，此西城墙应为内城墙

战马嘶鸣（霸王城西城墙上）

（古人军事城垒，惯筑数道城墙，以利防御）较准。也就是说，原霸王城的西城墙（外城）已坍塌于鸿沟之中。现存的城墙为黄土分层夯筑，每层约8厘米到12厘米，层次分明，夯土层经两千年的风风雨雨仍硬如砖石。城墙墙基宽约26米，残垣最高处，约高15米，墙体厚10米——12米。

唐代大诗人李白（701—762年）和边塞诗人高适（702-765年）都为霸王城留下了感人的诗篇。一个在广武山前高歌：“伊昔师广武，连兵决雌雄”，一个乘黄河波涛遥望：“遥见楚汉城，崔嵬高山上。”

霸王城中曾有太公亭（亦名项羽堆，后人纪念刘邦的父亲太公受难于此而构亭），规模甚大，惜随山体沦入激流。今人在西城墙上，铁铸一座昂首仰天长嘶的战马，以纪念随项羽征历百战的乌骓马，马身高9米，重19吨，底座上特铸浮雕：盾、箭和戈。

抗日战争时期（1941年），日寇占据霸王城，构筑许多处碉堡、坑洞；同时，在城南之王顶村烧杀奸淫掠夺，残害无辜平民百姓数百人，仅村外一个山凹即发现49具被刺刀捅死，机枪射死的尸首。

城的东面，岭顶逶迤增高，即著名的武公岭（飞凤顶）。相传郑氏东迁始祖，郑国第二代国君掘突（郑伯友之子）陵墓于此。

三、汉王城

西广武城一出现于文字记载，即和东广武城、广武涧并提。汉高祖四年十月（按，当时是以农历十月为元月——一岁之首，九月相当于岁末），汉王刘邦复取成皋，由于东攻荥阳（今，古荥镇）未克，值项羽引兵来西，汉军“尽走险阻”，退据西广武城； 更由于刘邦麾兵加以驻守并和项羽隔鸿沟对垒，故后人于习惯上遂称西广武为汉王城。汉王城和霸王城一样，北城墙以及东、西城墙均为黄河河道的南滚、受河水冲刷而崩塌沦陷。由于汉王城位居上游，冲塌得更为严重，城内几乎崩塌殆尽，仅剩下南城墙以及城墙内不足40米（不包

汉王城南城墙

括山顶至河滩的距离）的地段。南城墙尚残存东西长约530多米的颓壁（南城墙东端也有相当长的一段受风雨洪流侵蚀，塌陷于鸿沟）。城墙墙基宽度约20余米，最高的残墙约10米，城墙墙体厚约10——12米。西城墙残存190多米，坍塌状况较南城墙更加严重，令人惋惜。

汉王城中，曾有纪念汉王刘邦功绩和楚汉对垒中牺牲将士的祭祀（宋人刘景文诗云："故垒从谁问？严祠自昔灵"），自元、明之后，尽随山体塌入黄河而泯没。城西，有张良城，相传为张良驻军之处。此城东西长42米，南北长130多米。再往西约十余里，有一峰叫作磨旗顶，为汉将樊哙驻军守卫处。其下，有一山村名叫诏峪，乃刘邦命张良颁诏封韩信为齐王的地方。山南麓，汉军运粮甬道尚存二十余里之遗址，宽约四米，深约2.5米，紧连仓头、铺头、虎牢关。

三国时，魏国著名的文学家阮籍（字嗣宗，210年—263年）登临广武山，关注汉、霸二王城，发出深深的感叹："时无英雄，使竖子成名"。作为士大夫出身的阮籍，压根儿瞧不起平民出身的刘邦，他对刘邦的贬低，一时竟成为名言。到了盛唐，伟大的诗人李白，也慕名到广武山游玩观赏，他由衷地赞颂霸王项羽推翻秦王朝所建立的不世功勋，更真诚地歌颂汉王刘邦建立汉王朝的丰功伟绩。他在《登广武山古战场怀古》的著名诗篇里写道：

"……楚灭无英图，汉兴有成功。

按剑清八极，归酣歌大风。

伊昔师广武，连兵决雌雄……"

在诗的结尾，他痛斥阮籍："狂言非至公。"

汉王城和霸王城一样，仍不时出土当年的铜箭头、铁箭杆、铜戈、铜钺等楚汉争战时的遗物。

四、鸿沟

战国时期，魏惠王十年（公元前360年），为了发展农业生产富民强国，便在广武山利用山势沟壑和济水南溢的阴沟，挖了一道水渠，引黄河水灌溉圃田一带的农田，这便是鸿沟的雏形。渠水引入之后，农田收益显著，21年（前331年）后又扩大规模，大量引黄河水纳济水、汴水，使受益面积由圃田及附近的区域扩大到大梁（开封市）以东。后来，更和睢水、颍水诸多河流贯通，于沈丘直达淮河。鸿沟除了灌溉之外，荥阳（古荥镇）以下更通舟楫而得运输之利。鸿沟，这一条位于中原的运河总长近千里（隋代开挖的通济渠，元末开挖的贾鲁河，有许多河段大都沿用鸿沟的故河道），它的基本走向为北南偏东斜，由于和许多河流流向交错，其下游屡屡被淤积泯没。时至今日，鸿沟的引黄口，早被河道南滚的黄河冲毁，下游又早被颍、汝渚水冲淤（连汴水、睢水也名存实亡），所以仅仅余留下广武山汉霸二王城之间这一段长约五、六公里的山沟（鸿沟实景见封面）。

今日这一段鸿沟最宽处约800多米（谷口），窄处也近百米，深约60多米。

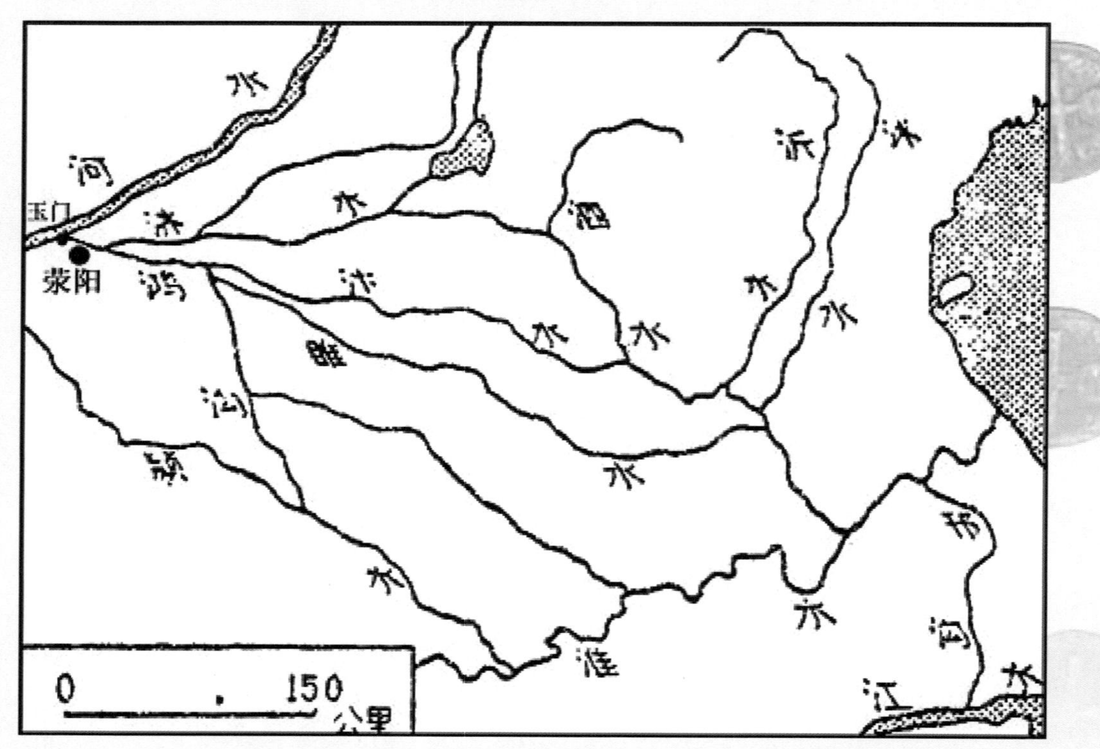

鸿沟水系图

首届象棋文化节贵宾游鸿沟留影纪念

除这十多里的一段外，鸿沟的遗迹仍有多处可觅，南出广武山沟口，便在山脚和旃然河河道贯为一体。经荥阳（古荥）北往东至梁、陈，而通睢、通泗。

鸿沟东岸，霸王城南，有一座名叫鸿沟的自然村，史志记载，已坐落这儿近六百年之久。

五、黄河

“黄河之水天上来”，她一迈越小浪底，便冲破了崇山峡谷的约束，更加汹涌澎湃向东奔流。在广武山之西，汇入了洛水、济水、汜水之后，更加波澜壮阔、声势连天，正所谓：“河阔霞衔浪，天低水入云”，雄浑苍茫、瑰丽神奇。

虽然，数千年沧海桑田的变迁，河道南滚的黄河沦陷了广武山北麓大片土地，甚至泯没了板渚、河阴、武德等诸多古代的港口、码头和县城，坍塌了近

黄河中下游分界碑

乎是整个汉王城和霸王城的城内土地，她依然豪放、壮阔、气势磅礴地给我们以涤荡心胸，襟怀浩然的感受。汉霸二王城这儿临近中、下游的分界线，再往东二公里便是桃花峪黄河中下游分界纪念碑，一条沿河公路正由黄河游览区经桃花峪玉带般地绕来。它，往西将访问秦王李世民擒夏王窦建德的古战场牛口峪，直达名扬海内外的虎牢雄关。沿路垂柳依依、近壑花木欣欣，滩涂宽阔、水草茂密、鹤鹭翔集、鱼塘鳞布，人们在孤柏嘴广阔的沙滩和黄河滩鱼塘或娴雅地徜徉清幽、垂钓锦鲤，或觅舟破浪，到中流击水，河面上有快艇，有气垫船往来“黄河游览区”之间，人们常常乘着黄河的滚滚浪涛，来瞻仰汉霸二王城、认识“芳草起寒云”的鸿沟古运河故道。

六、名人竞游

楚汉中原逐鹿，在中华民族发展历程中占据着十分重要、值得大书特书的地位。汉霸二王城呢？在楚汉逐鹿中辉映着独特的光芒。两千年以来，朝朝代代，都以内蕴深厚无比的吸引力，把人们吸引到它苍茫寥廓的身旁。尽管数不尽的人们没有在岁月中留下他们的身影、他们的足迹，后人还是从历史的长河中感触到那飞溅的浪花、沁人的意蕴。在千千万万来此瞻仰登临人们的里面，一些如椽之笔、浩瀚之墨，毕竟挥发出感人肺腑的长吟低唱。这，又为山川增添斑文阑的色彩、隽永的意味。

三国时，魏国著名的文学家阮籍登临广武山，发出的感叹：“时无英雄，使竖子成名”，一时竟成为名言。

李讷同志与张玉凤老师游鸿沟

到了唐代，大诗人李白、高适，为广武山留下了感人的诗篇外，著名的文学家、唐宋八大家之首的韩愈（768年—824年）也亲临鸿沟，感受古战场浓厚的历史意蕴，写出感人肺腑的《鸿沟有感》。接着，大诗人白居易（772年—846年）、官居监察御史的诗人许浑及著名诗人胡曾，也都在广武山头抒发他们的豪情与襟怀。

北宋杰出的政治家曾三度担任丞相职位的吕蒙正（946—1011）、著名的振兴国势的改革家、诗人王禹偁（954—1001）和金末元初的著名诗人元好问（1190—1257）等，也都先后登广武、临鸿沟，放歌以抒怀。

至明、清两代，像薛瑄、康海、杨慎、秦金、胡缵宗、陈维崧、范为宪、刘青黎、佟凤彩、许勉燉等等贤吏名臣、诗人文豪磨肩接踵登临广武山者，难以胜数。他们或诗、或文，都为这撼人精魄的河山，留下了一段又一段佳话。

七、广武抗日纪要

1941年9月30日，日寇多股齐进，乘橡皮舟抢渡黄河，并占据邙山（即广武山，民间误称而流传的名字）多处制高点，掩护大部队插向郑州、插向广武。驻守古荥、广武一带的38军（原杨虎城的十七路军）35师51旅奋起拦截，迎着日寇猛烈的炮火，战斗打得非常激烈。10月8日（农历8月12日），日寇三、四百人进占霸王城一线，并在附近 展开。35师将士奋起抗击，经过两日夜的苦战，歼敌数十人，迫敌退守桃花峪。

日寇强占霸王城一带，气焰十分嚣张、野蛮，破坏古城墙构筑工事，烧杀抢掠奸淫无恶不作。在代庄刺刀挑死9人，掳走12人（后，在郑王庄将之杀害）；在王顶村实施清村，将村民逼到村西一深沟旁，先用刺刀捅挑，后用机枪扫射，统统抛尸沟中（对妇女先轮奸而后再杀死）仅沟坑一处就发现了49具尸首；在史家河村一个山洞中16个妇女被他们发现，立时实施集体轮奸，连未成年的两个幼女（12岁）也不放过，仍然是奸后用刺刀挑死；在上河王村凡是没有逃出去的人均遭杀害，仅一个井中就发现了96具破腹碎脑断肢穿胸的尸体。

日寇残暴的兽行，不能不激起人们巨大愤恨和义无反顾舍生忘死的反抗。

陆军新编三十五师广武战役阵亡将士纪念碑

广武山四周许多村庄纷纷自发成立抗日游击队，向敌人讨还血债。

10月21日，日寇纠集4000余人，步兵、炮兵，另外加上空军支援，多路分进，先占据古荥、须水、樊河等地，并一举拿下广武。当时，51旅以两个团（101团、102团）的兵力在群众支援下进行阻击，于苏砦附近，歼敌200多名，并乘胜反攻至广武城。日寇又冒天下之大不韪，施放毒气掩护败退。连续数日，中国军民同仇敌忾，使日寇尝到惨败的滋味，先后被歼1000多名。于10月被迫放弃古荥等地，退守霸王城。日寇利用霸王城险要的地形，又修筑碉堡、坑道，盘了三年半之久。

在抗日战争中，仅1941年10月至12月广武一地被日寇杀害有尸体为证的就有1230人，被掳数百人（其中有35名儿童），1000余间房屋被烧毁，强奸污辱妇女，难以数计。

日寇盘踞期间还大肆掠夺，从日用物品粮棉油煤到战争消耗物质金银铜铁锡，无所不抢。他们还对历史文物追索强占，广武山区的文物被劫走掠夺难以数计。其中有铜佛、玉佛，史前陶器、商代铜器、玉制象棋等等（宋代铜铸象棋和元明时期的古铜象棋，幸未落入贼寇之手）。

附录：抗日阵亡将士纪念碑

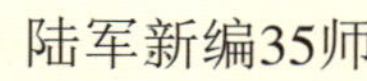

陆军新编35师

邙山战役　阵亡将士纪念碑

（正面）

气壮山河

第四集团军总司令

孙蔚如敬题

（背面）

三十年冬，本师迎击侵占邙山头敌。日夜鏖战，寒暑屡更，其间，我官兵浴血守土，捐躯报国，前扑后继，日月争光。兹为吊慰英魂，表扬先烈，爰购义地瘗葬忠骨，亦后死应有之谊耳。

师长　孔从周题

“中华民国”三十二年七月十五日立

（此碑，立于鸿沟西岸，汉王城南城墙外的东南角。碑文中所说的“邙山战役”即广武战役。“邙山”乃是时人的误称。）

第三章 楚汉逐鹿 策源象棋文化

宋代诗人范仲淹《赠棋者》的诗句：「突围秦师震，诸侯皆披靡。入险汉将危，奇兵翻背水」，不仅写明了象棋与楚汉之战的关系，而且也写明了与广武山的关系（《史记》记述了汉将闻项王「来西」而尽走「险阻」，据守西广武城）。文学家程颢《象戏》的诗句：「雄如刘项亦闲争」，更表明了象棋文化其来有自。无论是「楚河汉河界」，或者「黑红对峙」；无论是「九五之争」，或者象棋运动的内涵「斗智不斗勇」；莫不策源自楚汉逐鹿，隔鸿沟对峙。甚之，棋规「两王不能见面」、棋俗「红先黑后」也承受于它的历史影响，复现于象棋艺术之灵犀。

一、象棋的"楚河汉界"

象棋棋盘上，有一条中分棋盘为两部分的河界，名为"楚河汉界"。"楚河汉界"的得名，意义深长。

汉高祖二年（前205年）引兵向东，出函谷关；三月，与诸侯会盟洛阳，集56万人马伐楚，乘楚霸王项羽大兵征齐而后方空虚之机，一举攻下楚都彭城（今徐州）。项羽闻讯，立即回师，在灵璧（在今安徽）一带与汉军展开激战。是役，汉兵大败，溃不成军，刘邦仅得数十骑卫护而逃出重围。五月，西返到荥阳召集残部，又会合萧何从关中送来的人马，刘邦的兵势才得以重振。从此，楚、汉在荥阳展开了长达四年（从前205年到前202年）之久的拉锯战——你进我退、我进你退地反复争夺。在此期间，形成了一段极为特殊的战争景象：汉高祖四年（前203年）十月，"复取成皋（今荥阳市汜水镇），军广武，就敖仓食。项王已定东海，来西，与汉俱临广武而军，相守数月"（《史

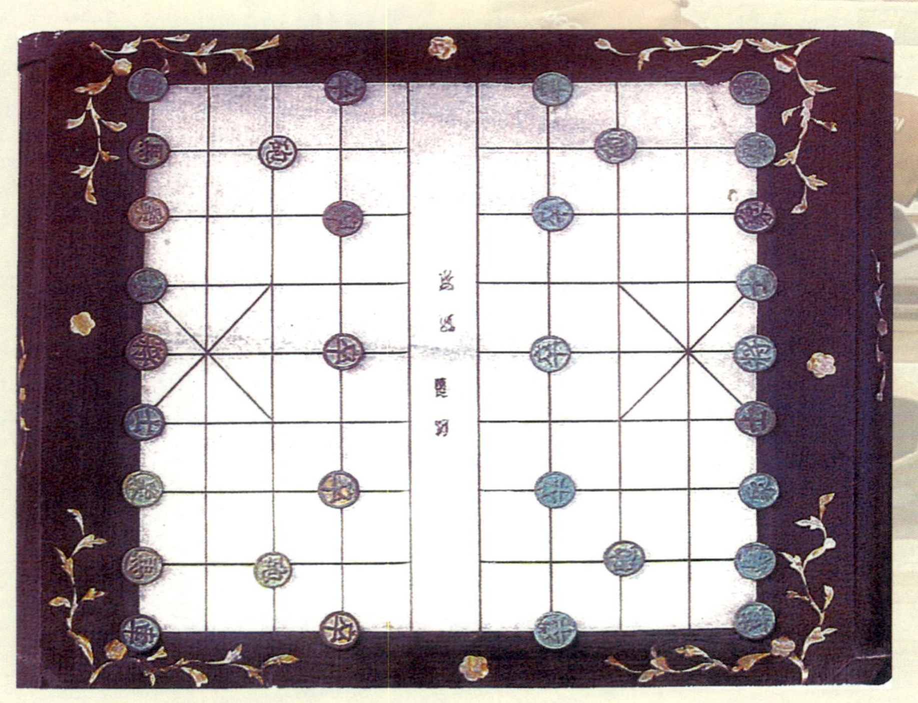

宋代铜铸棋子 · 清代玉石棋盘

陈祖德临鸿沟(时任中国棋院院长)

记•项羽本纪》）。也就是说，楚据东广武城，汉据西广武城， 中间隔着广武涧（古运河鸿沟经广武山连接黄河的一段）相峙。当时的形势是“楚、汉久相持未决，丁壮苦军旅，老弱罢转饷，汉王、项羽临广武间（同涧）……”（《史记•项羽本纪》），在空前残酷、激烈的争战中势均力敌，谁也无法逾越鸿沟一步。形势促使双方相约：以鸿沟为界，“中分天下，割鸿沟以西者为汉，鸿沟而东者为楚”（《史记•项羽本纪》）。历史就这样使鸿沟成了“楚河汉界”。特别令人注目的是“中分天下”（中分即从中划分），那象棋的棋盘

不正是这样吗？进一步联系到象棋的制艺，历史也在告诉后世：黑、红两军隔河界相持立营，严阵对垒，以及擒“将”制胜，并非来自人们的凭空想象，而是植根于中华民族开拓进取、蓬勃发展中一幕极为壮烈、极为震撼人心、极富理念价值、极具深远影响的史实。

唐代大诗人李白为此而挥笔写了《登广武山古战场怀古》，热情洋溢地赞颂：

“秦鹿奔野草，逐之若飞蓬……

伊昔师广武，连兵决雌雄……”

大文学家韩愈和诗人许浑也登临广武山，以哲理般的绝句来表达自己的感慨，韩愈的《过鸿沟》写道：

“龙疲虎困割川原，

亿万苍生性命存，

时任中国棋院院长王汝南（中）临鸿沟

谁劝君王回马首，

真成一掷赌乾坤。”

许浑的《鸿沟》写道：

“相持未定各为君，

秦政山河此地分。

力尽乌江千载后，

古沟芳草起寒云。”

本来，鸿沟是为了发展生产、繁荣经济、取灌溉舟楫之利而开凿的。魏惠王十年（前360年）修筑鸿沟，引黄河水济圃田，以后又逐渐延长，连接济水、汴水至大梁（今开封）东，折而向南，经由通许等地贯通睢水、颍水、汝水、泗水诸河，直达淮河，整条运河统称鸿沟，《史记•河渠书》上所记载的“荥阳下引河东南为鸿沟”即指此。关于《史记》上的这一句话，人们曾做出过有一字之差的两种解释。一是把“荥阳下引河东南为鸿沟”，解释为“自荥阳往下引河东南为鸿沟”，另一是把“荥阳下引河东南为鸿沟”，解释为“自荥阳以下引河东南为鸿沟”；一个“荥阳往下”、一个“荥阳以下”，到底哪个意思正确，符合历史的真实呢？上海辞书出版社出版的《辞海》，作“荥阳往下”的解释，它记载：“鸿沟，古运河名。约战国魏惠王十年（公元前360年）开通，故道自今河南荥阳北引黄河水……”；《河渠书》还说：“与济、汝、淮、泗会”。明确指出，鸿沟是一条与济、汝、淮、泗诸水相通的河道，它是从荥阳引黄河水下行的，人们提到鸿沟，首先要记住荥阳“通济引河”这一段。

《夏书•禹贡》：“沇（音兖）水东流为济入河，溢为荥阳是也。”

《郡国利病书》：“济水入河，南溢为荥，下即汴水。”

《前汉书•地理志》：“河南郡荥阳下有汴水，在西南有蒗荡渠，首受济水”。《水经》：“汴水出阴沟。”郦道元注：“阴沟即蒗荡渠”，又注：“丹、沁乱流于武德，绝河南，经荥阳合汴”；其中特别提到：“汴受旃然水”。

《后汉书•明帝纪》：“遣将作者王吴作汴渠，自荥阳至千乘海口。”注云：“汴渠即蒗荡渠。汴自荥阳首受河，所谓石门，故汴渠亦蒗荡渠。”

《方舆纪要》：“嚣山（即敖山、广武山）在荥阳县西二十里，有石门渠，为荥阳渎受河处”；又载：“鸿沟上于河济通，下与淮泗通”。

宋代文史学家曾巩指出：“石门渠东合济水与河，渠东注于敖山之北而兼汴水；又东至荥阳之北，而旃然之水东流入汴。荥阳之西有广武二城，汴水自二城间小涧中东流而出。”

由这些极为明确的记载中，不难看出：鸿沟通济受河处即是上面提到的阴沟，而这里古代称之为“葓（hóng）”，鸿沟的得名即依此而来；它既是后来的蒗荡渠，也叫石门渠和汴渠、汴水。广武二城之间的山涧，乃鸿沟通济受河的重要水路。经此，方能“下引河东南”和“汝、淮、泗会”。

这条古运河总长近千里，基本上是北南走向，稍偏东斜。两千多年以来，它的下游多被淤没；原引黄河水的“沟口”则为向南滚动的黄河所冲浸泯失；连仅仅剩下的一小段河道——东、西广武城之间的广武涧，早在唐代已是“古沟芳草起寒云”干涸见底野草丛生了。不过，令人欣慰的是，这干涸的深沟却因“秦政山河此地分”载入了光辉的史册而形成无比珍贵的人文资源。人们形容隔阂之深为“不可逾越的鸿沟”，即由此而来。

作为“楚河汉界”的鸿沟，不仅留在荥阳这座“东方名郡”，留在中华历史的灿烂进程中，而且也留在象棋的棋盘上，随着象棋制艺的传播更加楔入人民大众的社会生活。

二、象棋的黑、红对峙

象棋的棋子分黑、红二色对垒，而不是像围棋那样区分以黑、白子，或者别种颜色，实在是历史的模拟和那段特殊的战争景象在游艺中的再现。也就是说，棋盘上黑、红隔“河界”针锋相对地排列，实质上是楚、汉两军隔鸿沟对垒的模拟和以游戏形式的再现。因为，黑、红二色的对立，源有所本，自有来历。

我们知道，秦崇黑色，“衣服旄旌节旗皆上黑”、“更名民曰‘黔’，”（《史记•秦始皇本纪》）。项羽年轻时，逢秦始皇出巡会稽，见士卒前呼后拥，旌旗招展，宛如一条黑龙，不胜羡慕地说：“彼可取而代也”（《史记•项

羽本纪》）。后来（公元前209年），会稽郡郡守殷通欲响应陈胜、吴广起义而发兵，项羽的叔父项梁趁机杀殷通而夺其兵权。接着，项梁、项羽率八千子弟出江东，其基本队伍服色制度皆依秦制。至东阳（今，地属浙江），陈婴以兵两万归属。当时，东阳少年杀县令，“欲立婴便为王，异军苍头特起”，“陈婴乃不敢为王，谓其军吏曰：‘项氏世世将家，有名于楚。今欲举大事，将非其人，不可。我倚名族，亡秦必矣。’于是，众从其言，以兵属项梁”（《史记•项羽本纪》）。陈婴归属于项梁、项羽的两万多人，“苍头特起”尽为黑色。如史所载，项梁而后传于项羽为霸王的楚军，旌旗节旗和服饰皆为黑色，象棋棋子一方著黑色即源于此。

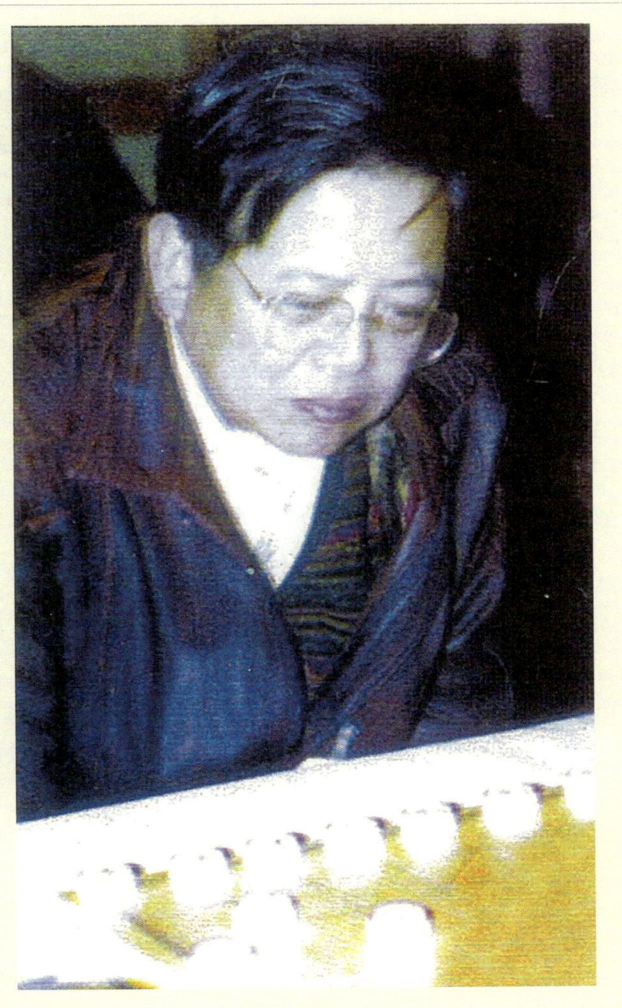

著名象棋特级大师胡荣华象弈于荥阳

象棋中，另一方棋子著红色，当然来自刘邦的汉军。这在历史上也有明确的记载。

《史记》在《高祖本纪》中，首先记述了刘邦集团利用当时人民群众迷信天命的意识形态，发动人民群众跟随刘邦反秦的故事：“高祖被酒，夜径泽中，令一人行前。行前者还报曰：‘前有大蛇当径，愿还。’高祖醉，曰：‘壮士行，何畏！’乃前，拔剑击斩蛇，蛇遂分为两，径开。行数里，醉，

象棋特级大师胡荣华在汉霸二王城

因卧。后人来至蛇所，有一老妪夜哭。人问何哭？妪曰：‘人杀吾子，故哭之。’人曰：‘妪子何为见杀？’妪曰：‘吾子，白帝子也，化为蛇，当道，今为赤帝子斩之，故哭。’人乃以妪为不诚，欲告之，妪因忽不见。后人至，高祖觉。后人告知高祖，高祖乃心独喜，自负。诸从者，日益畏之。”这一段文字，形象地记录了刘邦被命名为“赤帝子”，衔天命，斩白蛇的传说。

秦二世元年（前209年）秋“乃立季（刘邦）为沛公。祠黄帝，祭蚩尤于沛庭，而衅鼓旗，帜皆赤。由，所杀蛇白帝子，杀者赤帝子，故上赤”《史记•高祖本纪》。刘邦最初举兵起义，便是这般情况。从此到发展壮大成为汉王，刘邦的人马尽尊尚红色，以赤帜红旋为其标志。棋盘上，隔“河界”对垒的“红”方，当然来自汉军的人文遗留。

顺便提到一点，在象棋的开局时，有一句民间流传了许多代的俗语："红先黑后，输了不臭。"，也是有文化背景的。它同样来源于楚汉之战。

公元前206年，刘邦封为汉王，都汉中，他采用张良的计策，烧掉了从汉中到关中的栈道，以表示不回兵长安。等项羽东回彭城之后，却暗度陈仓，出兵夺取了关中，这是红方第一次率先进攻。公元前205年，汉兵又率先东出函谷关，在洛阳会盟诸侯，乘项羽在齐地（山东）和田荣大战之机，出兵伐楚，拉开了"中原逐鹿"的序幕，造成了广武山红、黑两军的对垒，这是红方第二次主动进攻；当楚、汉相约"鸿沟为界、中分天下"之后，又是刘邦采纳了张良和陈平的建议，派汉兵率先进攻，最终歼楚军于垓下，完满地为历史落下了极其壮烈又极为重要的一幕。特别是最后由鸿沟西岸发起的先动手，反映到棋局中就形成了"红先黑后"的俗语。

三、象棋的"九五"之争

比较象棋和国际象棋的棋盘，很多人都知道象棋的棋盘上多了一条"河界"，也就是说多了一条线。即国际象棋棋盘上的中心线划到一方作为"河岸"；而增加的一条线，作为另一方的"河岸"。可是，人们不一定知道，这不仅仅是一条"河"的问题，更不是简简单单的多了一条线的问题，它的内涵里积淀着深邃的意识形态。首先我们可以看到，这条"河"把棋盘分成了两个相对独立的组成部分，每一部分都有它各自的意蕴。两部分相隔对峙而又相关联，更增加了多层次的文化意境。千多年以前，象棋在孕育和发展的实践中，人们以对历史的深刻认识和理解，以历史唯物主义的艺术才能，象征性地创造出了棋盘横竖线条组合的格局。

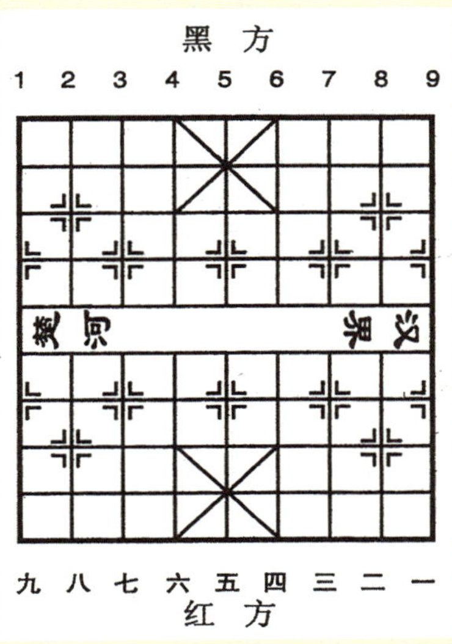

象棋棋盘

据传，唐代的象戏样式和国际象棋惊人的相似，唐代象戏以它固有的文化影响力，向周边传播，特别是通过西域传播到中亚和阿拉伯地区，交流国际之间。而在本土，由于唐代后期的藩镇割据、战乱不息，五代时期更加兵荒马乱，人民迫切渴望统一，象棋也在社会的演变和人民群众的意念中，步步发展演变成型现今的制艺。另传，象棋原先的棋盘并不是这样（或者说，曾有过不是这样的棋盘），它的纵线是十一条，布棋时将两炮分别放在两车的外侧。可是，这种棋盘在实践中很快就被淘汰了。因为在文化观念上它违背了“王”（棋中的将、帅实际是王）与八佾的传统意识，更因为它（这种棋盘）表达不出象棋布阵对局的内涵，表达不出河界两边相峙相争的实质，违背了历史观念的体现。象棋能形成今天的模样，实乃具有不可替代的文化成因。古人在赞美象棋的时候，精辟地指出了棋盘之独特：“象棋之戏，其名著于《楚辞》，古之通儒多有撰述，传迹古矣！厥类止七（棋子有七个名目），厥棋止三十有二，厥路每半纵者九，横者五。”（清•焦循《象棋赋》）“每半纵者九、横者五”，即指明：‘河界’这边的线条是竖九横五，河界那边也是竖九横五。为什么不是竖八、竖七、竖十，偏偏是竖九呢？为什么不是横四、横六，偏偏是横五呢？这横竖多少的里面，大有讲究。

依我们古朴的传统文化意念，竖指的是高，九乃数（单位数）之极，九竖表示最高，九天、九霄、重霄九等，都有高到极点的含意；横指的是宽、是方位，五横表示四方和中央（东、西、南、北、中）含有把所有的方位都包括进去的意思，即至宽至大至广。对于“五”，还有一说，意义近同而内容更为丰富多彩：“五”指的是阴阳“五行”，包含金、木、水、火、土。而金、木、水、火、土分别代表西、东、北、南、中，又有包含万物之意。竖九横五组合成了“九五”，它至高至大至广，就代表了天下，也就是说它代表了皇位。古代小说和俗话里常说的“位登九五”、“九五之尊”，即表示登上了皇帝位，做了天子。另外，从《易经》的解释来看，九是阳爻、阳之极，至阳至高和至尊紧密关联；五是第五爻。《易乾》“九五、飞龙在天，利见大人。”孔颖达疏“言九五阳气，盛至于天，故飞龙在天……犹若圣人有龙德，飞腾而居天位。”这都是以“九五”表示帝位，坐天下。河界两边两个“九五”，体现“九

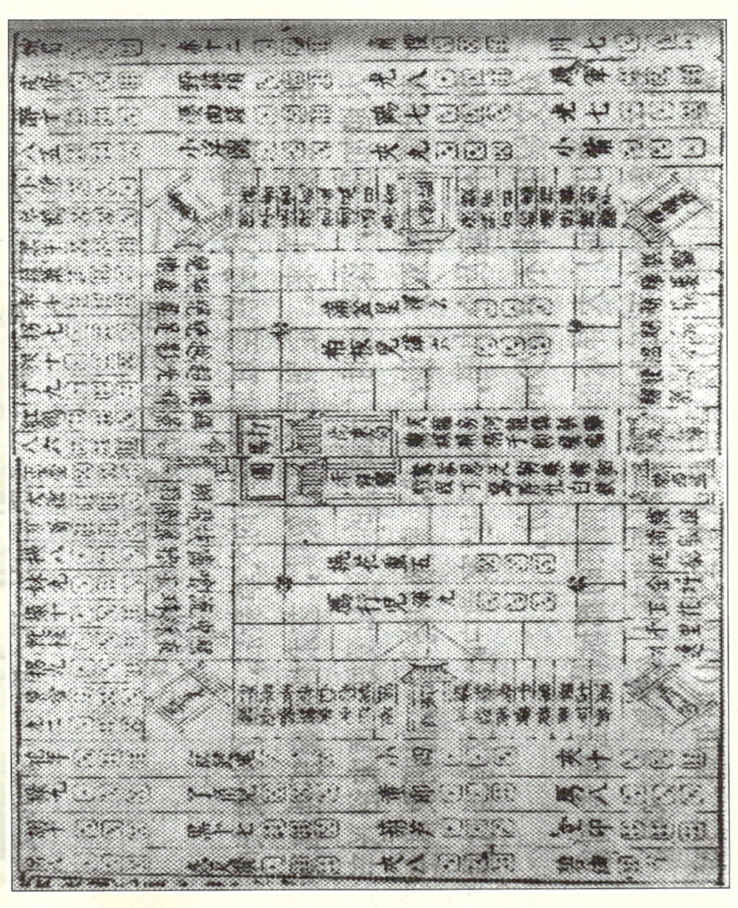

李清照录打马象棋两用盘

五”对峙、“九五”之争。两边摆上了棋子之后，形成的黑红相峙、相争，即“鸿沟为界，中分天下”；行棋则须“奇兵翻背水”，争夺“天下”，即“九五之争”。正好印证了广武山上汉王城、霸王城的历史遗存，正好反映和艺术地再现了楚汉在广武山鸿沟争夺天下的历史面貌。汉王刘邦、霸王项羽在这儿曾经约定“中分天下，鸿沟为界”，“楚河汉界”不仅存留在历史上、地貌上，也标在棋盘上。活生生地“九五”之争的象棋文化的底蕴，也就显示的明明白白。

象棋棋子七种三十二枚，皆衔命于“九五”之争，昭示着象棋文化划时代演进的结晶，比“河出图、洛出书，圣人则之，《易》有四象，所以示也”（《系辞传上》）、“八卦成列，象在其中”（《系辞传下》）的古代象棋，与时俱进地演绎成更为丰富、具体而又传神的新的境界。

四、象棋运动的内涵斗智

象棋文化策源于“楚汉中原逐鹿”，象棋之所以作为一个运动项目，它的特征与内涵无论何时都不能忽略，必须深入地予以阐明。前面我们引用了明代诗人曾启的诗句“坐运神机决死生”，这句诗形象的概括了两点：一是“坐运”，二是以“神机决死生”。因而，表明了象棋这种运动的特性和内涵的核心。如用一句精辟传神的话来说，即“斗智不斗力”。这也源于楚、汉在广武山上的对垒。

智慧人生

财富天下

乙酉年秋 祖德书

陈祖德题词

“楚、汉久相持未决……项王谓汉王曰：‘天下匈匈数岁者，徒以吾两人耳，愿与汉王挑战，决雌雄，毋徒苦天下之民父子为也。’汉王笑答谢曰：‘吾宁斗智，不能斗力’”（《史记•项羽本纪》）。两军阵前，汉王刘邦不仅鲜明地提出“斗智不斗力”的制胜方针和策略，而且身体力行地贯彻，演绎出许多极其生动的范例。他用陈平的反间计，离间范增和项羽的关系，使项羽夺范增之权，自折股肱。用张良的笼络计，当韩信攻取了山东一带请求封为“假齐王”时，立即下诏封韩信为“齐王”（刘邦下诏书的地方，因此而得名“诏峪”。诏峪离汉王城十余里），巩固己方的团结。当项羽将刘邦的父亲“太公”放到砍肉的高案子上，威胁说：“今不急下，吾烹太公（若不马上投降，我煮你的父亲）”。刘邦冷静地回答说：“吾

与项王……约为兄弟，吾翁即若翁，必欲烹而翁，则幸分我一杯羹”（《史记•项羽本纪》）。此即大诗人李白描写的情形：“分我一杯羹，太公乃汝翁”。刘邦一方面发布项羽的十大罪状，涣散楚军的士气；另一方面，当他被项羽射中胸膛，遥遥欲倒之时，怕影响士气，便趁势俯身摸着脚，骂着说：“虏中吾指”。他伤痛难忍，还强行巡视军营，慰问士兵，使敌人无隙可乘（《史记•高祖本纪》）。这些“斗智不斗力”的典型范例，这些指导象棋艺术发展的精神内涵，莫不发生在汉霸二王城的所在地广武山。另外，与刘邦相比，刚愎自用、急躁鲁莽、暴虐蛮横的项羽，也只能像后人在一首诗里所写的那样“智穷欲烹太公肉，勇绝偏染乌江沙”了。

千百年来，“楚河汉界”凌然于棋盘；黑红两军严阵而对垒；“斗智不斗力”既是象棋运动的特性，又是象棋运动的精髓，更是象棋艺术发展的原动力。1999年4月，广武山区的山民捐献出了珍贵的收藏文物——宋代铜质象棋（棋子的大小若制钱而稍厚，棋子正面阳文楷书，棋子背后有对应图像，三十二子一子不缺。妙在红黑双方的铜质不一样，分红铜与青铜，红黑两方皆是将、士、象、车、马、砲、卒”无帅、无兵、无相、无仕），再衬以清代玉石棋盘，无疑为象棋文化又增添了一段佳话。

五、象棋的九宫与八佾

放眼象棋的棋盘，最引人注目的两处。一是从大面上看，九纵五横的线条分别格致为对等的双方，中隔“楚河汉界”而对峙。另一是重点突出而显眼，两端底线的中心会同有关线段，组成了一个田字形。这两处组合，都离不开“九”。前者，九纵五横明喻“九五”；后者，作为“九五”的呼应和补充，以九个交汇点暗含“九垓之田”，也就是俗称的“九宫”。河界两边，既然是“九五”之争，“天子居九垓之田”（在象棋里，天子以将军作代表），自是相争的中心，所以就格外让人关注。

至于“九宫”之说，原本指音乐曲牌，概括仙吕宫、南吕宫、中吕宫等九种宫调。由于帝王居住栖身的地方称为“宫”，又因此宫实为“九垓之田”，且又只有九个可供活动的部位（九个交点），故俗称为“九宫”。

象棋棋盘上的“楚河汉界”、“九五”之争、“九宫”，都熠熠夺目地展现中华民族传统的意识形态，可要进一步理解感悟象棋棋盘深层次的文化精髓，不能不涉及诸棋子在开局前摆放的位置，也就是说不能不探讨布子的意蕴。“卒”的棋子数和在棋盘上直面强敌的处境，充分体现了戍边和守关的历史功绩和战略地位。它的著法（行一步而不能后退），也透露出卒子生命的艰辛和“风萧萧兮！易水寒，壮士一去兮！不复还”的勇往直前的壮烈精神。“将（王）”呢？独此一枚，却又最为尊贵。虽然，表明了它所产生的封建社会的统治观念“天无二日，国无二君”；同时，也应该看到事物的辨证性，这种观念还产生了“统一”的“中央集权”意识，及促进整体协调发展的有利于社会进程的影响。所以说，象棋设一枚“将”并以它为中心，普及了国家统一的精神观念。士、相、马、车各两枚，对称地排列在将的两边，形成两翼簇中的局面。引人关注的是另一种棋子“炮”（同样有两枚，同样讲究对称），并不和它们并排连在一起，而是在“九宫”的外角上立垒，移可攻、连可守，成待机拒敌之状，这不能不说是特意地布置。前八枚棋子在“将”的两翼左右相拥，恰恰呈现了八佾和八骏的基本态势，程颢以诗颂之曰：“中军八面将军

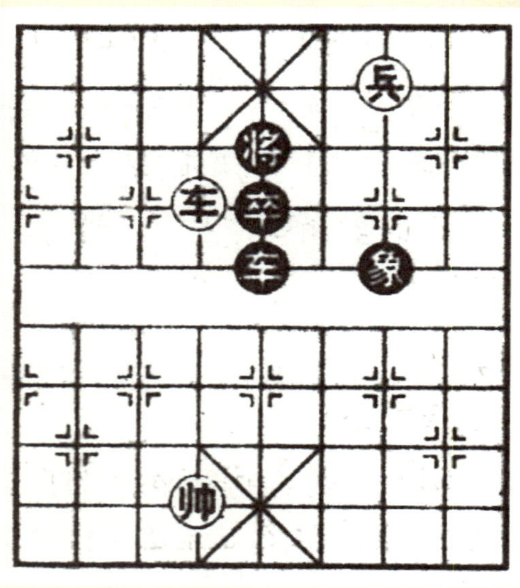

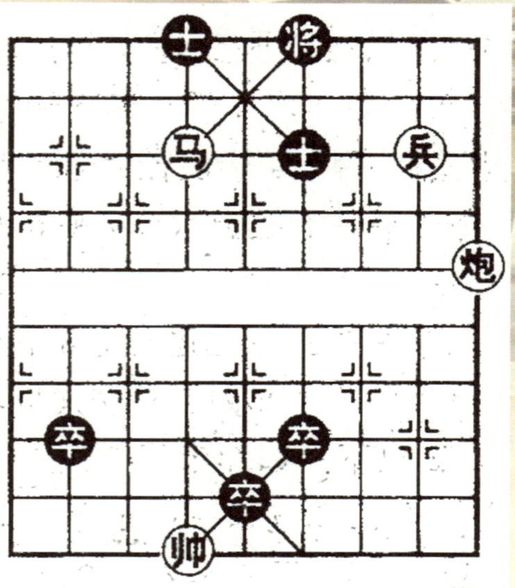

重”，即此。同时，以“将”为中心，在底部组列成“九”的格局。不但和戍边守关的“卒五”遥遥相连，举步相通，更与距“将”五步之遥，昂立守卫的“炮”紧紧相依。在此特定的文化思维范畴之内，真可谓把“九五”的意念发挥得淋漓尽致。处处深化“国家”一统和全局观念，巧妙地把浑厚深邃的传统文化赋予游乐益智的体育运动，怎能不令人击节赞叹而称道？

六、象棋的“将帅不能见面”

象棋和国际象棋比起来，在行棋规则上有许多差异的地方。比如说，国际象棋的两王之间，只要中间空个格子，子力达不到，是可以处在同一条纵线上，无论中间隔不隔别的棋子。象棋呢 ？则不然。象棋的将与师（将、帅相当王），按象棋的规则规定，是不能中间不隔子而处于同条纵线上的。如若处于同一条线上，后来到这条线上的将、帅，或者先来到这条纵线上，但把中间隔开将、帅的棋子移走的一方，是要判输的。这，在象棋的规则上，称之为“将帅不能见面”。有不少称羡国际象棋的人，责难这一行棋规则，认为这条规则定的没有道理。其实呢？这条规则定的不仅很有道理，而且这条规则大有来历，来自很深刻的历史现实所形成的哲理性的经验。同时呢？这条行棋规则又从军事、政治典型化的角度，为象棋艺术增添了摇曳多姿的美妙。

汉高祖四年（公元前203年），大约从十月末开始，汉与楚两军就隔鸿沟对峙于广武山上。起初，楚兵势大，全力攻打汉军，终因山险沟深，一连攻打了十多个月， 毫无进展。楚汉主战场的形势如此，可在外围战场（即在侧翼和楚兵的背后），形势发生了根本变化：韩信为汉王拿下了齐地、英布为汉王夺取了淮南、荆襄、彭越为汉王骚扰梁陈一带断楚兵粮道。楚霸王的兵力由强转弱，他不得不利用手中的人质进行讹诈。原先，在灵璧大战中，霸王项羽围歼了诸侯联军，把刘邦打得落落大败，俘虏了刘邦的父亲太公和刘邦的妻子吕雉。这时，霸王让人捎信于刘邦，要和刘邦隔着广武涧（鸿沟）对话。刘邦答应了项羽的邀约，来到鸿沟的西岸，隔着鸿沟和项羽会见，这是霸王分封诸侯之后，两王唯一的一次见面。一见面，项羽就要刘邦投降，如若刘邦不投降，霸王就要活活地把刘邦的父亲刘太公煮了吃掉。于是，发生了“分我一杯羹”的故事；项羽又要和刘邦单打独斗，于是又发生了刘邦“斗智不斗力”的故事；刘邦也不甘心处处被动，便在争取军心、民心上着力进攻，于是进一步发生了“历数项羽十条大罪”，声讨项羽的故事；这时的项羽，恼羞成怒，便隔着鸿沟用伏弩乱射汉王。汉王身前没有掩护，便被伏弩射中了前胸。

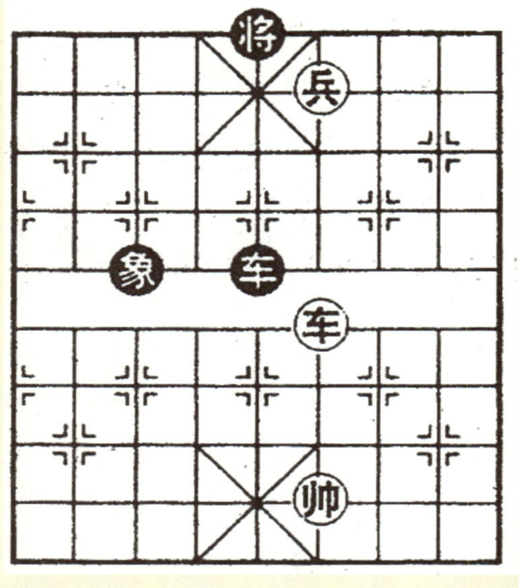

将帅争中（荥阳城乡流传的残局）

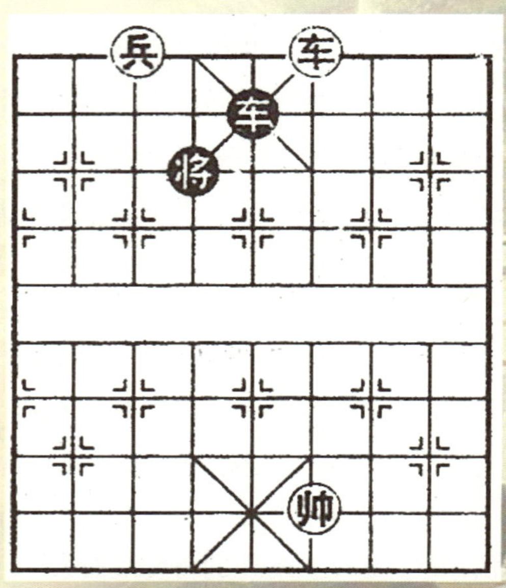

逼将让中(荥阳城乡流传的残局)

这一段残酷的事实说明了什么呢？它说明：项羽约刘邦见面，他先临鸿沟东岸，在许多方面早作了准备，占了先手；又说明对立的两王之间，必须有掩护的防备，不然就要发生危险；更说明“王”的威力不是去对方的阵前厮杀，而是远在“后方”的帷幄“运筹”。

这一段发生于楚汉战争中的历史真实，“两王相见，必有一伤”，深深地烙在历史的岁月里，也游戏化到象棋活动中。它告诉人们：对立的两“王”之间，是应该有所掩护的。必有掩护，方能应战。不然后来者必被先手所伤。象棋规则的“将帅不能见面”，就是这样，以深刻的哲理展现象棋艺术的风采。

七、荥阳市馆藏文物——宋代铜铸象棋

荥阳市文物管理所馆藏一副宋代铜铸象棋，三十二枚棋子齐全，其状似开封出土的黄铜制成的象棋，而又有自己的特色。

这三十二枚象棋子，极易分出黑、红。盖棋子一半为青铜铸造，一半为红铜铸造。

这些棋子的里面，没有帅、没有仕、没有相、没有兵、没有炮，黑红双方，各有一枚将、各有两枚士、各有两枚象、各有两枚马、各有两枚车、各有两枚砲，各有五枚卒。从棋子的名目上看，极为对等，双方只能从颜色上来区分双方。

棋子均为圆形，比古代通用的制钱形体近似而稍大。直径长2.6厘米，外沿厚度约0.24厘米，内底厚度0.19厘米，重8、9克，棋子之间、重量，大小均有微小的差异，并不绝对地相同。

各种棋子的正面均楷书自己的名目，背面是相应的图形：

卒背面的图形为手执长矛的武士。

砲背面的图形为一具抛石机；

车背面的图形为带盖的车（上盖、中车身、下一个轮）；

马背面的图形为飞马，背有双翅，一副“天马行空”的神态；

象背面的图形为一头温顺的大象，象的背部有鞍；

士背面的图形为披甲武士；

将背面的图形为甲胄齐整端庄威武的将领。

这一副宋代铜铸象棋捐献到文物管理部门的时候，每枚棋子都锈痕斑斑，有的锈稍轻一些，有的锈重一些，致使背面的图形极难辨认。

初步获悉，这一副象棋出土于广武山麓的古墓之中，捐献人得知情况之后，立即追寻、收集，并无偿地捐献给荥阳市文物管理部门。后，经省和中央有关部门和专家的科学鉴定，认为是宋代文物。今，国家定为二级文物，由荥阳市文物管理所珍重收藏。

此外，荥阳馆藏文物中，还有一方清代的玉石象棋盘。

八、荥阳民间收藏珍品——明代象棋

除了这一副宋代铜铸象棋之外，荥阳现存的古代铜铸象棋还有多副，皆为私人收藏家珍藏，多秘而不宣，其中的一副大约是明代的铜铸象棋子，附录于后，见证于一脉。

这一副铜铸象棋子，均圆形（状类制钱 而稍大），皆为黄铜。其中，帅一、仕二、相二、傌二、俥二、炮二、兵五、将一、士二、象二、马二、车二、砲二、卒五。正面正楷阳文棋子的名目，背面分别是各种棋子相应的凸出图像。正面棋子名目的外缘，均有凸出的边缘环绕，背面棋子图像的外缘也相同。

“帅”与“将”的背面图形不一样。“帅”的图形，近似荥阳馆藏象棋中的“将”的图形，是一尊甲胄齐整、姿态端庄、威武慑人的形象；这副象棋中，“将”背后的图像较为俊颀挺拔，手按腰中宝剑而挺立。

仕与士，背面的图像一致，均为披甲武士；

相与象，背面的图像一致，均为“大象”；

傌与马，背面的图像一致，均为背生双翅的飞马（前者图像较壮实）；

俥与车，背面的图像一致，均为有篷盖之车；

炮与砲，背面的图像一致，均为抛石机状；

兵与卒，背面的图像一致，均为手执长矛状的丁勇。

每枚棋子之间的大小、厚薄、重量也是相互近似，而不是绝对相同。其直径约2.8厘米，外沿厚度约0.25厘米，重量约9克。

在象棋文化的策源地、在作为“楚河汉界”的鸿沟岸边，发现好几个朝代初步定型的象棋实物，显得格外有意义、有价值。

说明：

民间还有几副铜铸象棋，收藏者自称为“元代象棋”，因未经权威部门鉴定证实，只能暂不确定。这几副棋子，形制虽类似，具体实物稍有区别。它们大多稍大稍厚于明代棋子。棋子名目中，已有“帅”与“相”。

九、荥阳市民间收藏的象棋珍品——象形象棋

荥阳民间还收藏有一副象形象棋。

这副象形象棋的质地，据收藏人讲：属于“骨质”。

棋子均为圆形，厚度表现为外沿稍薄，中间稍鼓，外沿厚度约0.6厘米；直径为2厘米；棋子之间大小厚薄并非绝对一致。

棋子正面为向上突出的象棋圆形，背面为平底（无任何图案或字迹）。共有32颗，其中卒形者10、砲形者4、车形者4、马形者4、象（相）形者4、士形者分左士和右士各2、将形者2。具体状态详述于后。

“卒”之图形为：圆首、下连一个“大字”。圆首之内，似刻眼、刻嘴（见实物照）。

“砲”之图形为：一椭圆形石头状（见实物照）。

“车”之图形为：一车轮（见实物照）。

“马”之图形为：一马头（见实物照）。

“象（相）”之图形为： 一穿锦袍之官员，上有头部（似刻有眼和嘴），下以梯形之目字作身部（见实物照）。

卒　砲　车　马

象　左士　右士　太极（将）

“士”之图形有两种：一者有头部，正面脸向前，似刻有眼、嘴；长脖连身，手臂向左伸，至胳膊肘处向上弯，小臂连手掌向上。一者之图形与此大部相同，惟手臂向右伸，至胳膊处向上弯（见实物照）。

“将”之图形最为奇特，似隐较深的文化内涵，以太极图黑白鱼表示之（见实物照）。

这副象形象棋的出处，收藏者本人并不清楚，只因他本人喜爱象棋，其友以此相赠。

纵观横究这副特殊的象棋，尽管珍藏者十分珍爱，也发现其文化信息较为“混乱”。譬如“砲”用石头作代表图形，似乎具有“宝应”象戏棋目的特性，较宋人以“抛石机”作砲的图形为早。唐人牛僧儒在《岑顺》所写的传奇中，有将、车、马、卒4个写明的象形棋目，以及“物包”、“矢石”含混的象形棋目。当有助于后人的理解。再如：“将”用太极图黑白鱼作代表图形，似乎表示象棋本身宗于“易”学，也较为符合唐代后期之演进。但是，“象”的代表图形不用生物“象”，而用着锦袍的人像来表示，其中所含有“丞相”的意蕴，则又和元代红方始有“相”字出现，表明了文化现象之错代。看来这副象形象棋大有深入研究的必要。不过，不管怎么说，它作为荥阳民间象棋爱好者的收藏品是个具体而实在的存在。且作为象棋文化的现象，录以存照。

附录：象棋棋子的小出身大作用

一、卒（兵）

卒，出现于历史，出现的很早，在《礼记》等书上，都有记载。

“卒”的含义基本确定为“五人一卒”，即“卒五”（或“卒伍”）。当然，在后来的具体使用中，“卒”的含义又有多种变化。例如指单数的士兵、差役为走卒、狱卒、役卒、“一兵一卒”等等。归结到棋盘上，“卒”既作为单独的最低一级的战斗人员，又和古代“卒伍”的体制相关联，形成五个小卒的制艺。它的棋子数和它在棋盘上分布的位置，既有“卒伍”的内涵，体现了戍边和守关的历史功绩和战略地位。

出现在象棋里之后，“卒”的形象相当鲜明。首先接敌、受敌的前沿处境和着法，昭示着“卒”子“风萧萧兮！易水寒，壮士一去兮！不复还”的壮士的风采与品位，标志着在历史发展中的艰辛与壮烈。

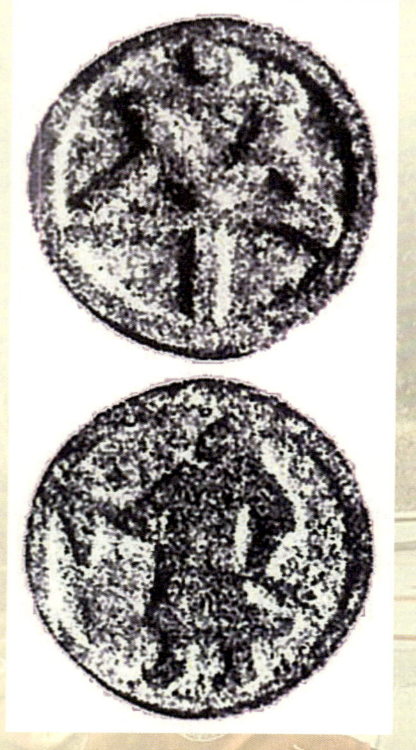

象棋中的“卒”是以保护自己的“将（帅）”、捉对方的“将（帅）”为目的，在这一核心思想的左右下，或极力联防护“将”，或攻入九宫捉对方的“将”，“卒”和象棋的其他子力都是历史上社会层面的反映。在全局观念指导下，赋予“卒”的意蕴不仅勇往直前，而且攻守有度；不仅不畏艰辛，而且不怕牺牲；正所谓“一不怕苦，二不怕死”精神的体现。在整体的弈棋活动中，“卒”（兵）是被赋予近战的艺术形象，是军事征战最善于“肉搏”、欺敌的战争艺术的游戏形象化、而且是独特的形象化。应该知道，传统文化是这样形容“卒（兵）”的：“兵冲象戏车”（白居易）、“奇兵翻背水”（范仲淹）、“纷纷兵卒度鸿沟”（郑谟）、“小军卒守定战壕”（无名氏）、“一川波浪动金兵”（曾启）、“小卒儿向前行，休说回头话”（冯梦龙）、“从来兵法不回头”（叶燕）等等，充满了近战接敌的拼搏精神，它所反映历史的景象，是何等的豪迈、真切？所以，在象棋演进的过程中，宋代的铜质棋子的图案形象（开封出土的“卒”是手执长矛；江西义安出土的“卒”是手挥大斧），都是骁勇无比。历史上的“卒”们，一方面体现“攻守有度，过则不及”的军事艺术理念，一方面发扬大无畏的精神，为中华民族国家的形成与完整，为时代的进步，争取到了一连串的胜利。

古代的人们，也以“兵”来称呼打仗的战士，故而在象棋中，以兵取代了红方的卒，其意义完全一样。

二、士（仕）

士，在周代之前已经介入社会生活的政治体制中，许多经典文献从不同侧面记下了他们的身影。“古者有四民，有士民、有商民、有农民、有工民”。

贴近君王，担负将士、士卒的职责，正是象棋中“士”的活脱脱的写照。从古代经典中，可以明显地看出：象棋里的“士”绝非凭空臆造，象棋里设士，且紧贴“王”，在历史上有着深刻的政治文化渊源。

程颢（1032—1085）《象戏》一诗写道：“偏裨兼备汉官名”；司马光（1019—1086）大力提倡的《七国象戏》记录：棋里有“一偏”、“一裨”；这“偏、裨”指的是偏将军和裨将军。《汉书•王莽传》：“大将军二十五人，偏将军二百五十人，裨将军千二百五十人。”偏将军仅次于大将军，裨将军又次于偏将军。象棋将这两个“汉官名”引入棋子名目，一直行，一斜走，位于“将”的两旁。后来“偏、裨”为士所取代。北宋末年铸造的铜质象棋实物，完全可以证实，进一步改进的象棋已基本定型，士作为棋子名目和在棋盘上的位置业已确定。但是，士的图形南北却有很大的差别。开封出土的宋代铜质象棋，是一身着戎装和裙子的女子；江西义安出土的则是全身着戎装的甲士。好像这“士”均指的是“卫士”，只不过在北宋都城一带接近宫廷，反映的是宫女们武（戎）装守卫着皇上（棋盘中的“将”），江西义安反映的是由卫“士”守卫“将”罢了。1982年，宁波市文管会拆修天封塔，在地窖中发现南宋初期象棋子一枚，圆形宽边，正面楷书“士”字，背面为一手持弓箭的武士”也进一步证明了“士”偏重于“武士”的形象。

还要更进一步说明的是，士的形象进一步深化，士的含义又转为儒生、谋士，宋代人诗中写道：“二士终朝默运筹”（郑谟）。“士”，本来就有文策谋略的基本含意。

三、象（相）

想了解象棋的“象”，须弄清三重意思：命名象棋的象，作为棋子的“象”，及后来成为红方一员的“相”。在许多人的意念里，“象”是作为猛兽的形象进入了棋子的序列。开封出土的象棋实物，铜铸棋子既有“象”这一汉字，又有猛兽象的图形；江西义安出土的棋子，同样既有汉字“象”，又有像兽的图形（两者仅前者象背有鞍，后者未披鞍）；这是不争的事实。

但是如果把象棋棋子的“象”作为“猛兽”来认识，起码有两点说不过去。一是，它不能“渡河”冲锋陷阵；一是它行“田”字，讲究“重农劝耕”之路畅通；这些实在和“猛兽”象的形象难以吻合。所以，必须深入而真切地弄明白“象”的真实含义以及它和象棋命名的关系。虽有人认为象棋之名来源于“象”这枚棋子，但人们还是从象棋文化的底蕴上正确地区别了猛兽“象”作为棋子的图像，是和命名象棋的象在实际意义方面根本不相同。象棋的象字来自天象、星象、玄象、景象、指其生生不息、变化无穷，它来自“易”学的理念；与作为棋子图像的猛兽“象”，完全是两个不同的概念。

出土的“六博”文物，进一步表明：“象”字的使用，绝非都和猛兽“象”冲锋陷阵有关，只不过它们大多来自象牙制品而已。归根到底，以农立国数千年的华夏文明，还是更着重于“田”、更着重于整个政权经济基础的后方治理。于是在“易”理的观念中，“天垂象”（《系辞传上》）于田，从开始即注入象棋的萌芽与演进，更应运而流传，形成了“象”左右于“田”的基本形态。要知道，“八卦成列，象在其中”啊（《系辞传下》）！

后来，象棋中“象”这枚棋子，演进中又揭示和表达了“相”的内涵。春秋期间，齐国首设相位。到战国时期，各诸侯国先后设相（楚设令尹）来佐辅君王，统领百官（百官之长），协调各部门而治理国家。“相行田”的本身

正蕴含着一个深刻的命题。众所周知，“国以民为本，民以食为天”，作为百官之长的“相”，自然要把发展经济解决国计民生的大事，放在施政纲领的首位。“相”四通八达行于“田”，且相眼最忌阻塞，不是让人的意识在游戏娱乐之中，受到熏陶吗？

四、马

先说“马”。在古人的意识形态中，对马非常尊崇，“黄帝臣相乘马”。

商代之时，“马”还作为一种官职，管理征伐、射猎诸武事。后来的几个朝代，设司马、大司马等官职，主要掌理军事。

遥远的古代，先人们发明和创造了马鞍与脚镫，使骑者和马浑然一体，为征伐转战、守土戍边发挥了巨大的作用，列为世界科技史上的奇迹。

到了唐代，著名的传奇故事《岑顺》，具体地反映了象戏的一些情况，其中多次提到“马”。如：“天马斜飞度三止”。

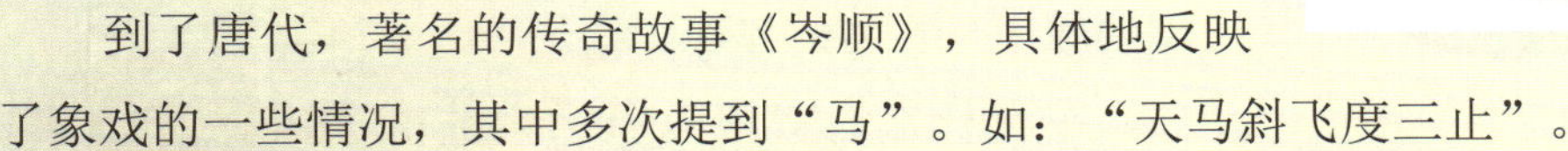

宋代开封和江西出土的铜铸象棋的棋子，有“马”的艺术图像，马扬首奋蹄，如飞似奔；而正面则有正楷“马”字，整个棋子作扁圆形。荥阳出土的宋代铜质象棋子“马”的图形，神形逼真，马背生有双翅，应更接近唐代传奇中“天马”的描写。

由于象棋文化策源于楚汉逐鹿，马在古代军事上的作用巨大，自然进入演绎“九五”之争的象棋中，多获人们的注目和喜爱。唐宋以来，赞颂之诗文琳琅满目：“征西车马羽书驰”（杜甫）、“匹马郭令来”（刘克庄）、“马飞关塞月”（陈允平）、“千里封疆驰铁马”（曾启）、“马行曲路当先行”（朱高炽）、“马行二步鸿沟渡”（毛伯温）、“车马纵横杀气浮”（叶燕）等等，莫不令人叫绝。

程颢在《象戏》一诗中指出：“车马尚存周战法”，一语破的地揭示象棋里的“车马”与周朝时的军事活动有关。“马”作为棋子，是历史现象在象棋制艺中的反映，是军事影响的体现。其实，“车马”的军事社会生活，起源更早（最少早在黄帝之时），且在发展改良创新中延续至今。

五、车

车，当始于黄帝之时。“黄帝坐车，引重致远”。夏禹时的“车正”以及汉代威风凛凛的“车骑”将军，分别是古代与车（当时，高科技创造的利器）或与军旅有关的官职，表明车已融进国力与军威之中。

车在军事应用方面，可以致远，每一辆车在作战中都能成为一个战斗单位可以冲锋陷阵，也可屯集成城。所以，在古代征伐中作用显赫。

同时，还要看到“车”，不仅仅是攻战的利器，不仅在社会变革中起到举足轻重的作用，更是国家政权的威望与实力的体现。

车在什么时候成为象棋中的一子，史书上尚缺乏明确的资料。车在象棋里发车（ju）音。这是古代语音的保留，并无另外的歧义。由此，也可以说明，车进入象棋，成为“六甲”中的一员，应在相当深远的古代。杜甫诗：“闻道长安似弈棋……征西车马羽书驰。”和白居易诗：“兵冲象戏车”，均告诉后人：唐代，车已和象棋结下了不解之缘。

宋代流传下来的古铜象棋中，车的背面图案，多为“辎车”。人们知道，在现代战争中，后勤工作的作用巨大，甚至有人说“现代战争是拼后勤”。“辎车”的出现，似乎是对战争更深层次的理解，致使游戏化于“象戏”之中。另外，楚汉中原逐鹿，项羽“车”路不通，缺粮乏草，兵力不继，萧何却从关中千车万辆支援广武山的战事。后来，刘邦论开国之功，推萧何为第一。可见“车”对胜负的作用，至关重要。

由象棋技艺在实“战”中产生的棋诀来看，棋手莫不重视“车”。如“车行二路前”、“车先图士象”、“车先河上立”、“引车塞象眼”“若要抢

先，出车当关”等等都是张扬“车”在棋局中的作用重大。当然，为了救将，车的作用再大也得舍弃，此所谓“舍车马保将帅”，从而顾全大局。

六、炮

从棋子方面来看，象棋与国际象棋的最大区别之一是有没有炮。炮，出现为象棋棋子的名目，一般来说比较其他的棋子为晚。起码在唐代象戏里，至今尚未有确切的证据证实它的存在。

我们知道，炮是从砲、转化而来。现代军事中的炮为火药发射；古代的砲呢？乃机械发射（即抛石机发射），且炮弹是天然石块。虽然后来在军事实用中，也有发射发火物的，但离不开机械抛掷。体现到象棋的制艺里，便是：炮要杀子发挥威力，必须有炮架。

由于“炮”在象棋诸子中最为锐利，不仅象棋技艺的发展最先围绕着它展开，“当头炮”、顺手炮、列手炮、诸多名目的开局、应局丰富了实战棋谱；在许多诗文中也展现出了它破坚困将极为壮观的英姿。“砲落寒天秋（陈允平）、“隔河飞炮破重城”（毛德温）、“飞炮凭陵更轶群”等等，都阐明了“炮”在象棋技艺实践上的重大作用。”

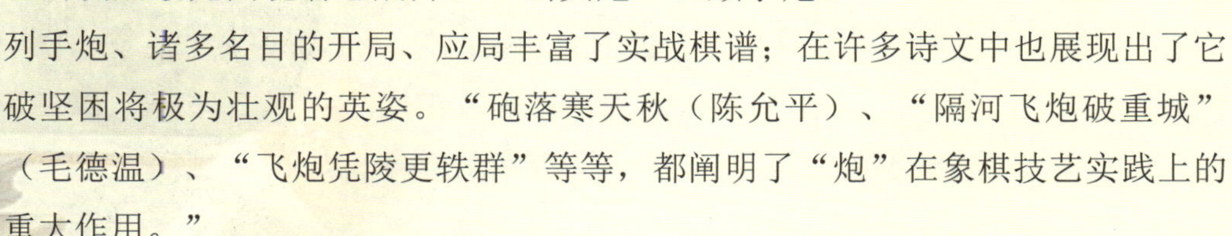

七、将（帅）

象棋的“将（帅）”，关系着胜负成败。象棋的局势从根本上讲就是“九五”对峙和“九五”之争，以擒获捉杀对方的首领为胜。“王者居九垓之田”象棋的“将”就居在这“九垓之田”，活动于“九垓之田”。“九垓之田”俗称九宫，只有帝王居住的地方能称为宫，因为象棋的“将（帅）”实际上是“王”。

从军事上的意义上来讲（象棋本身也就是游戏军事化的体现），指挥部是非常重要的，“擒贼先擒王”（杜甫），如若指挥部被侵入毁掉，“将”被

象形象棋布局图

捉，必然全盘皆输。中华民族的传统文化讲究“运筹帷幄之中，决胜千里之外”，所以“将”不出九宫（指挥部）而保持指挥系统的完整、运作的良好。当然，“将”虽然不出九宫，其“杀伤力”也不容低估。在象棋的制艺里，“将”具有十分奥妙的隐蔽性的攻击能力。这种能力，使它不出九宫，不动一步，便可置对方的“将”于死地。这种能力，来自“将帅不能见面”的约定俗成和规则。而这种规则的形成，有着非常深刻的历史因由，即楚汉对峙时的“两王相见，必有一伤”。

宋代象棋里，只有“将”，而没有“帅”。这不但在一些关于象棋的书籍中表达出来，而且宋代铜铸象棋棋子的实物，也作了不容置疑的证明。黑红双方都是“将”，“将”字正楷铸于正面，背面是“将”的图形：头戴纱帽，身穿战袍（也有的图像无战袍仅穿甲胄），腰挂长剑，显示出尊重的武将身份。那么“帅”于什么时候开始取代一方的“将”呢？在没有文物和典籍具体做出另外证明之前，应从现今已知的文字和实物确定，到了元代“帅”才出现于象棋中。

第四章 楚汉争霸 与象棋传说故事

明代诗人曾启《棋》诗中所写的「坐运神机决死生」，传神地写出了象棋运动的内蕴。当然，这一内蕴直接策源于刘邦在广武山隔鸿沟回答霸王项羽的挑战时所说的经典名言：「吾宁斗智，不能斗力」（见《史记．项羽本纪》）。事实上，刘邦在此，不仅流传下来了这句话，还流传下来了许多以弱敌强与项羽「斗智」的故事。这些故事，在其发生地得到人们普遍的喜爱而广为流传，也成为象棋运动能蓬勃发展的神来之笔。

一、象棋的传说故事

“拼命车”展艺得赏识

崇祯八年（1635年）正月，李自成、张献忠等十三家反王七十二营人马大会荥阳，商讨迎击官兵镇压的大计。大会期间，有许多贫苦农民纷纷投身于造反大军中，寻觅活路。一天的大早，天刚蒙蒙亮，从北山（广武山）就过来了十多条汉子。他们涌到闯营，非要跟着“闯将”李自成造反不可。当时，“闯将”手下的一个大头目刘宗敏出来接待他们。刘宗敏看见这十多个人，虽然骨瘦如柴，衣裳褴褛，但精神头都挺足的。尤其是里面有几条汉子，长得甚是高大，更惹刘宗敏的喜爱。

刘宗敏走到一个大汉身边问道：“你有什么本事啊！”

这个大汉连忙回答：“俺会推车、会挑担，还会打几路洪拳还会……。”

刘宗敏笑着说：“好啊！打几路拳法，给大伙看看。”

荥阳市象棋广场

那大汉发窘地向身边一个精瘦的年轻小伙望了一眼。那小伙也带着笑点了点头。大汉旋即拉开架势，打起了大洪拳的套路。

刘宗敏一见，连声夸奖说："不错！不错！虽然有好几个地方动作不到位，姿势偏扭，但能打成这样已经很不错了。就这样吧！你们这几个人就编成一队，你就当个队长……"

原本以为这个大汉会立马谢恩，一投军便当队官还不谢恩吗？哪知，大汉连连推辞："俺，俺不是那料……"边推辞，边指着身边精瘦而且又矮了一头的年轻小伙说："让，让他干吧！俺听他的。"

这么一说，不但刘宗敏感到奇怪，连从这儿路过的"闯将"李自成也感到奇怪：莫非这个瘦小伙有什么过人之处？

刘宗敏喜爱地拍了拍那个大汉的肩摩头，说："让他干？……好！可我得看看他有什么本事？能不能担得起。"说着，把脸转向了那个小伙："喂！你叫什么名字？"

那个小伙拘谨地扯着破衣裳角，小声回答说："俺姓车，穷人家没名，俺是老三，都叫俺车老三……"

那大汉看小伙这么拘谨，不由得抢过话说："啥车老三？俺们大伙都不叫你车老三，不都是叫你拼命三，或是喊你拼命……拼命车。"

那小伙一听同伙这么调笑他，不由得急红了脸："啥拼命车？就是这么叫，也得叫俺拼命车（jū）"

"'拼命车'？"李自成十分感兴趣地接过来话头："为啥叫'拼命车'呢？"

那大汉又抢过了话："俺们是一块扛活的结拜兄弟，别看他年轻？俺这个兄弟可仗义了。平时干啥事都不惜力，都是拼命干。碰见了不平事，也敢不要命地……"

车老三似乎不想听义兄这么说他，便调笑了一句："嗳！嗳！你可把我说成你了。"

"闯将"李自成听了他俩的对话，对他们不光是感兴趣，简直有些喜爱了。李自成说："光敢拼命还不行，还得有本事、有武艺……"

弘扬民族文化
发展象棋事业
赵国荣
一九九九年元月二十七日

赵国荣题字（中国象棋特级大师）

刘宗敏也笑着指点说：“你也会大洪拳吧？你也来一套露露脸！”

车老三还是点拘窘地说：“会是会一点儿，俺打的，还比不上俺大马哥呢。”

那大汉一听又叫了起来：“瞎说！瞎说！你比俺强多了。打拳，俺不胜你；下棋；俺更不胜你……”

李自成“哦”了一声：“你会下棋？怪不得人家问你叫‘拼命车’。来一盘怎样？……”

李自成话还没有说完，身边几个好事的亲兵便跑到营帐里面去。你拿棋，我搬杌子，就在那场地上摆开了棋摊。

刘宗敏不解地问李自成：“大哥，我还考不考他们的本事了？”

李自成一面朝棋摊上坐，一面回答说：“这也是考本事呀！其他几个人，你等一会儿再考吧！”

车老三一见象棋，陡地来了精神，好像比起刚才的模样儿换了一个人。为

了表示对对方的尊重，也为了表示自己不怯场，侧身坐到“闯将”的对面，便先走起了子：当头炮。

李自成心中又是一喜：“果然，起步就带着‘拼命’劲。”当然，他更喜欢车老三的坦诚、直率、不做作。

这一盘棋，没走多久，便进入中局的胶着状态。要知道，李自成确实是棋道的高手，平时是很难碰到对手的，这一回在荥阳竟然遇上了这么一个棋风泼辣，处处敢于抢先的小伙子，怎能不让他深思熟虑呢？

李自成既是行棋抢先的需要，也是进一步试试这个“拼命车”有什么样的拼命法，他暗暗让对方联合兵力去夺自己的炮。对方只要再走两三步，必定可以在右侧多占一个大子的便宜。自己便能借机在左侧抢得先手，形成“车马炮临门”的优势。谁知这个“车老三”不仅不调动人马去联合捉炮，反而直接用肋炮借车威弃炮破士。好家伙，这么以来，李自成腹地直接受到了威胁。

李自成哈哈大笑，推棋认输而起：“真不愧是个‘拼命车’啊！”他立马下令：“那个大马哥，仍为队官，领着你那一队人马好好操练，准备厮杀。‘拼命车’呢？就跟着我吧！ 我跟前就缺少既敢拼又不贪功、会冷静处事的人。”

“拼命车”一听，傻望着李自成，心想：“这个人是谁呢？口气这么大？”

刘宗敏一看“拼命车”的傻样就笑了：“还不快点谢恩！他是‘闯将’啊！”

“啊！他就是‘闯将’。自己一投军，就得到‘闯将’的赏识……”“拼命车”想到这儿，高兴得说不出话来，只管拜倒在地，连连磕头。

从此，“拼命车”就跟着“闯将”闯南闯北。“拼命车”呢？也屡立战功，声名大振。

讲述人：陈奎，58岁，中学教师。陈铺头村人

讲述时间：1970年

礼让为先

广武山下，旃然河一带，流传着一则美丽的故事。这个故事，是下象棋下出来的，它发生在康熙年间。

那时，百业俱兴，尤重儒学。广武县腾蛟街办起了一座书院——旃然书院，它不仅收县城里的学童，还收四乡的学童。那时的学童说来也有趣，只要肯出学费，愿上学，七老八十也能来上，凡是没有考上秀才的，统统称之为“童生”。在这些童生的里面，有三个人年纪相仿。秉味最相投。他们是腾蛟街的姚崇周，城西关的茹志贵，桃园村的吴明顺。三个人从八、九岁起，就在一块儿习文论武，憬憧人生。他们不但是文友、诗友，还是棋友，称得起亲如兄弟，所差的就是没有跟着吴明顺到桃园去，学刘关张盟香发誓结拜一场。

三个人中，姚崇周文思最妙，县学的宗师常夸他福星将临，待到乡试、府试，入学中举乃等闲之事。所以，茹志贵、吴明顺不仅为他们的姚兄弟高兴，也努力跟姚崇周研讨文章的奥秘。可，从棋艺来说，又属吴明顺偏高一些，在琴棋书画上，多听从吴家大哥的指点。那时的象棋，摆棋的规矩还依照古制，别的棋子都和今天的摆法一样，唯独将和帅不摆在底线，而是摆在九宫的中心。行棋呢？第一步不许动别的子，得先动帅、将。也就是说，第一步先走帅退一、将退一。姚崇周说：“这多麻烦，干脆把将帅摆到底线上，不是省事了吗？”

吴明顺很郑重地回答说：“麻烦是麻烦了一些，但这下棋要告诉人一个道理：礼让为先。”

“礼让为先！”姚崇周、茹志贵一块儿念叨着。他们从心眼里懂得，不仅学下棋、学棋艺，还学怎样做人。

乡试快要到了，正当他们苦苦攻读的时候，不知因为什么事？吴明顺回了一趟家，就反常地耽误了五六天，不到县学里来。桃园离县城，也就是六、七里吧？急得姚、茹二人光想搁下功课去叫他。幸亏他终于来了，姚崇周喜出望外，茹志贵更是连声追问耽误功课的原因？谁知，往日和大家推心置腹的吴明顺吱吱唔唔，推说害了一场小病，搪塞了过去。可，谁感觉不出来吴明顺的闷闷不乐呢？

荥阳市青少年宫象棋楼

人世的苦乐不均，难以预料，正当吴明顺愁闷缠身的时候，姚崇周的文章不但被宗师评为首卷，在县学作范文传阅，他家里又为他定下了亲事。据说那家住在县西的唐岗，姑娘长得既聪明，又美丽。旃然书院的一群童生们，纷纷向姚崇周贺喜，要他请酒。姚崇周一向志大心高，对家里的定亲似信似疑，父母告诉他的时候，他就不怎么乐意。还是母亲向他保证，亲眼见过那姑娘，漂亮的很；父亲向他保证，想法让他见一见那姑娘，他要是不如意，赔了彩礼也给他退婚。所以，姚崇周和一帮子同学说，“我还没见到人呢？等见到了人，真正事成了，我一定请酒。”

姚家果然疼爱才华横溢的崇周，让他在相当近的地方见了见那个姑娘。姑娘正在旃然河边洗衣服，玉也似的胳膊、雪也似的腿脚，衬着轻盈的身姿；还有那清灵灵的妙目秋波宛转、瓜子般的脸庞白里透红，是那么匀称！崇周一见满心欢喜，父母果然为自己选了一门好亲事。

从河边回来之后，他便准备实践诺言，向学子们请酒。可，煞是作怪，平时亲如兄弟的吴明顺，一听到他的招呼，脸马上变得煞白煞白。为什么事呢？明顺竟会这样？为了让明顺开心，崇周又拿出明顺最爱玩的象棋，想下它两盘，开开心心。

明顺先是推脱不去下，后来勉强上“阵”，可大失往日的水平，连连败阵。

吴明顺把棋盘一推，长叹了一声：“天意也！”便含泪起身匆匆离去，无论你怎样唤他，他也不回答，似乎还勾下头，以手捂着脸……什么事让他这样忧愁悲伤呢？

姚崇周忍不住为好友心疼，便找来茹志贵商量。他想了解吴明顺发愁悲伤的原因，更想为好友分忧。茹志贵呢？也不了解情况。不过，茹志贵说：“俺俩家住的近，三几里地，一河之隔，我跑到明顺的家里，再不然找找他的左邻右舍，看看他家到底出了什么事？回来后，咱们再想办法。”

事有凑巧，当茹志贵乘着黄昏的薄雾，涉过浅浅的旃然河道时，他碰到了小湾里不该他看到的一幕：两个朦胧的身影，正在哀哀地抱头痛哭。那是一男一女两个年轻人，男的身影他是再熟悉不过了，正是吴明顺。那个女的呢？茹志贵悄悄地在岸柳的掩遮下稍稍靠近了一点儿，只听那女的抽抽泣泣地说：“我死也不去姚家，姚家家境再好，姚家儿郎再有才气，奈何我已经答应了你，和你盟过誓、立过愿，此心决不移，大不了一死……”

茹志贵心中猛地一震，原来如此：姚崇周婚聘了吴明顺私定终身的姑娘。这可怎么办？两边都是亲如兄弟的好朋友啊？茹志贵得知了问题的症结，便悄悄地抽身退了下来。他边走边想，这事给姚崇周说不说呢？说吧？姚崇周可是一次偷见面就迷上了这个姑娘，这两天正乐得合不上嘴儿。不说吧？瞧这女子这么贞烈，万一出事，可是对谁都伤害深深的人命大事啊！想来想去，还是决定：要告诉姚崇周；不但要告诉他事实的真相，还要劝解他。看来，这事最好是他抽身另寻。可，他能同意吗？这可是明媒聘定的、美貌让人动心的妻子呀？

姚崇周一听茹志贵如此这般地说明真像，立马像掉到冰窟窿里一般，不仅浑身冰凉，更一直冷透了心。不但几天以来的喜悦化为乌有，立马还产生了一

个上天捉弄自己的怨恨。他忍不住地问茹志贵：“这可怎么办？”

“是啊？这可怎么办？”茹志贵毫无办法地望着他。两个人，就这样互相望着，望了个小半夜。除了沉默，就是轻轻地情不自禁地叹息。

夜，虽然过得很慢，但也慢慢地过去了。远处，忽地传来了一声悠悠地鸡叫。茹志贵伸了伸腰喃喃地说了句：“当个人，怎么这么难？当个大丈夫……”

姚崇周闻声，脑海里忽然一亮：“对！大丈夫何患无妻？我不能让朋友的幸福毁于我手，更不能让那个美丽的姑娘无辜殉身。再说，即使这婚事能成，我也不过是娶来她的身子，娶不到她的心啊！天下美女多的是，我何必扣着这心已有他属的女子不放？”心一想开，满天愁云皆散，自己得先和父母说好，得保证“天下有情人皆成眷属”，不要自己让出了，事情又发生别的变故，另生节枝。

姚崇周把自己的想法一说，茹志贵连声称“善”。喜得茹志贵合不住嘴地说：“真是善人行善事，佳人传佳话。”

鸡叫三遍天一亮，茹志贵便到处嚷嚷，说姚崇周做了一个奇怪的梦：姚家有一棵梧桐树好多美丽的鸟儿想往树上落脚 。可是六甲神将赶到树边大放鞭炮，驱赶不该落到树上的鸟儿。所以，今天姚崇周一大早烧过香，禀报神明，请出象棋（那棋子可是六甲神将带炮啊），摆下了棋局。要是他姚崇周赢了，说明美丽的鸟儿

以棋会友
其乐无穷
徐天利
2005 11.12

徐天利题字（中国象棋特级大师，著名的象棋、国际象棋“双枪将”冠军的获得者）

该朝他家的梧桐树上落，他便为他的喜事大摆喜酒；要是他输了，说明他家的梧桐树不该这只美丽的鸟儿落脚，鸟儿该跟赢他的人。

棋局一摆，“梦中的神意”一宣布，便有好几个人争着和姚崇周对垒。可，他们谁是姚崇周的对手？下着、下着，到了傍午的时分，也没有人能赢姚崇周。吴明顺也闻讯赶来了，他神气爽朗，一扫满脸愁容，大马金刀地坐在红子的一边。姚崇周深深地望了他一眼，他的心颤慄了，因为这深深的眼光是那么恳切，让他顿时明白：姚崇周要让妻子给他。他心中颤慄，是因为他不知道自己该不该赢这盘棋？既然坐到棋局边，就得举子行棋，那颤慄的手把老帅退了一步，归回帐位。

姚崇周又望了吴明顺一眼，感受到吴明顺的彷徨和犹豫，便轻轻地也是很坚定地向周围的观棋的人说：“棋，告诉人礼让为先；但，也告诉人，要奋发、要进取……”

吴明顺听了之后，更加感动，姚崇周的“礼让”，是要自己“奋发、进取”，他便坚定地走起了棋。这盘棋的结果可想而知：姚崇周坦然地微笑，鼓励着吴明顺顺利地赢得了自己心爱的姑娘。

于是，这一则美丽的故事，便在广武山麓、旃然河的两岸，一代一代地流传。

讲述人：赵幼甫，女63岁，中学教师，陈铺头村人。

讲述时间：1971年

苦虑出臭棋

广武山南麓有一座县城，名叫广武。广武城内东南向有条街，名叫腾蛟街；西南向也有条街，名叫高升街。腾蛟街是书院街，里面住着许多识字进学的人；高升街是锦绣街，里面住着有字号的生意人和从仕途上退下来休闲林下的达官们。腾蛟街的秀才和童生们钟情琴棋书画标榜多才多艺、风流潇洒，高升街的商豪和士绅也追求艺伎自娱，戏班、茶楼招揽着四海游艺之人。看来两条街各不相扰，其实呢？各路俊彦在暗暗地较量。较量钱财，明里高升为胜；较量书袋，明里腾蛟自豪；可是，在自鸣清高方面，谁也不相让，都觉得自己的风水好，地灵

人杰。这个暗中较量的风气，暗中一浮动，就浮动了上百年。明面上礼尚往来，暗地里较着劲儿，想论个高下。这一论两论证到一个最公平的技艺上，或者说论到了一件文雅韵事上。什么技艺？什么文雅韵事？棋道，比赛象棋。你想，世上的竞技，唯独下棋最公平；世上的娱乐，唯独下棋最文雅。

说起来也怪，两条街嘛，都是人才辈出，输输赢赢，哪儿也占不了绝对优势。就这样，表面客客气气；私下里，总是吹嘘哪盘，哪盘棋自己（或自己街上的谁谁谁）是如何、如何地得胜。事有凑巧，明代万历年间，广武来了一个县知事。这个县知事姓冯，名叫祺生，念转了念“逢棋胜”，也好下棋，公事之余，总要摆它几盘。入乡问俗嘛，县知事到任没多久，便得知腾蛟、高升两条街不仅会下棋的人数众多（连小孩、妇女都能来上几盘），而且棋艺高超，技压四乡。县知事自己呢？也常常自命棋艺不凡（ 也确实有些功力），自然不屑和棋艺低微的人下。可，他也怕自己不知对手的深浅，乍猛对阵，要输个全军覆没，那可要掉县令的身价了？怎样才能见识他们的棋艺，了解他们的水平呢？

县令眉头一皱，一个办法浮上心头：借年关庆岁，在最大的茶楼吉祥茶楼设擂台，表演棋艺，与民同乐。

过了正月初五，腾蛟擂和高升擂同时设立。腾蛟擂设在吉祥茶楼的东厢；高升擂设在西厢；更妙的是，在吉祥茶楼的二楼，腾蛟街的秀才们还设立了一个主擂：龙门擂；高升街的士绅们也设立了一个主擂：上林擂；一个取意过龙门化龙，一个取意登高枝鸣春。参加打擂的棋手，只有分别通过两连胜，方取得参加夺魁的资格。

闲话少说，到了正月十四，象棋的擂台赛事已进行了九天，可还没有人能通过龙门擂和上林擂。到了午后，尽管看棋赛的人山人海，而敢于登台打擂的人，却越来越少。就是有几个，也过不了腾蛟擂、高升擂这一关。县令呢？这几天通过师爷一盘一盘的详细禀报和私下里反复覆盘，对广武城棋艺水平也摸了个八八九九。于是，他便让龙门擂和上林擂的两个擂主较量，自己呢？好对优胜者褒奖，好在“与民同乐”的名义下，和优胜者下它个三五盘，表表自己的棋艺能“逢棋胜”。那知，两个擂主的棋盘刚摆好，刚要举子行棋，只听楼梯"登登登"连声响，跑上来一个十二三岁的童儿，那童儿跑上楼梯口，一双机灵的小眼睛一抡，就急得向楼下大叫："爷爷，你快些呗，人家棋摊都摆好了，咱和谁下呀！"

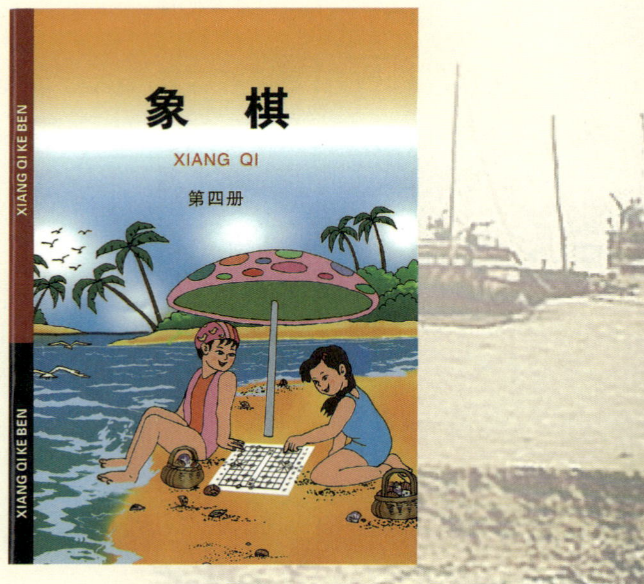

应着招呼，楼梯上又上来了一个须发皆白的老头。那老头儿一边喘着气，一边说着："别急、别急，有你下的棋。"

喝！这一老一少，也是来下棋、也是来打擂的？照理，应该通过楼下的擂台呀，怎么径直摸到楼上来了呢？可，说实话，你还真不能怪这一老一少。因为，楼上的两个擂主要赛棋，楼下的擂台无形中就自动撤了。

上林擂的擂主经的世面多，看到这一老一少，就知道来者"不善"。连忙谦让说："敝人的棋艺低微，请龙门擂主应擂吧！"

龙门擂主是个文才横溢的秀才，自负才高，为了在知县面前显才，正巴不得催"马"上阵呢？所以，毫不客气地坐到黑子一方。意思是，让这一老一少先走。县令见了这样的局面，也乐观其成，不仅不加阻挡，反而笑吟吟地沏了一壶香茶，捋须观战。

老头儿说了一声："小子，你看着。"便执红先行。

那秀才姓周，棋步走得十分周密，可惜左冲右突，总觉得无奈老头儿的严密防守，只能以和收局。秀才拱了拱手："小生棋艺低微，技止于此矣！请高明上擂。"

你别说，那个刚刚以退为进而让出的上林擂主，大名还真叫高明。见周秀才请他，也不能再作退让。同时呢？从刚才的一盘对弈中，觉得这个不认识的老头儿，也没什么了不得。所以，也就坐到了周秀才的黑子一侧。

楚汉竞武
将帅呈文
刘国斌
2005.11.12.

刘国斌题字（首批"象棋国家级裁判员"、特级国际裁判员、象棋古谱收集、研究者）

老头儿望了望这一位名叫高明的绅士，便不吭不声地走动了红子。几乎和上一盘一样，高明竭力进攻，始终攻不进去，最后也只好握手言和。

县令"逢棋胜"一见，知道来了高人。心中寻思："我的师爷棋艺不光比我高，也比周秀才和高绅士要高，让他下场总不至于落个大败。或许，能下成一盘惊动全县的棋。"老实说，师爷在一旁早就手痒，只不过没有县令的意旨。他不愿僭越而已。如今，一见县令示意，马上移步棋局："老朽清教……"

那老头儿还未答话，一直在一声不吭仔细观棋的小童儿大叫了起来："爷爷，你都下两盘了，该我了。"

"一石激起千层浪"，甭说师爷，甭说县令，也甭说周秀才、高绅士，所有的人都惊动了。议论纷纷，沸沸扬扬地嚷成了一锅粥。你嚷你的，那个童儿可不管这些，他"大马金刀"地往红子旁边一坐，"当头炮"就出了手。

师爷不敢小觑，也不敢怠慢，小心翼翼地上“屏风马”应对。那知这个童子还真不好对付，他走起棋来，处处争先，时时争先。师爷越走越别扭，下决心要打破被动局面，心中便多方面、多几步地仔细算计。算计了一步，算计了两步，算计了三步……感到转机在望，立马走出算计中的第一步，待童儿应对后，胸有成竹地又走出了一步……

这一步，只叫满楼震惊，周、高二人诧异，县令掩目。原来，师爷该走的第二步塞相捉马没走，却走了第三步，把一杆大车白白送到童儿的相嘴里。童儿也愣了一愣，然后，毫不客气地用相一飞……

县令见状，把茶盅儿一推，长叹一声：“‘苦虑出臭棋’说的果然不错。”

老头儿摇了摇头：“小子只是秉气壮，棋艺还差得很多。师爷只是长时间的思考算步，才匆忙出错。要记住：苦虑之后，必须静下心来。不然，真会落个‘苦虑出臭棋’……”

讲述人：梁天贵，74岁，退休工人。幼读私塾。

讲述时间：1980年

铁马卧槽

汜水仁里村有个贡生，名叫马云史。马云史子书经典诗词曲赋无所不晓，能作诗、会画画、篆隶楷草挥笔皆成四乡珍爱的墨宝，是个大大有名气的读书“先”。这个读书“先”，好读书，读得极有个性。一般来说，汜水人都尊崇刘邦，都以汉高祖刘邦“登基汜水之阳”为荣，争夸汜水为云龙之乡。人家马云史则不然，偏偏尊崇霸王项羽。马云史认为：如若不是成皋守将曹咎有险不守，逞匹夫之勇，酿杀身之祸，丢掉成皋，坏了霸王的大事，霸王必成大业。由于尊崇霸王项羽，他也极为赞赏项羽的战马乌骓马。他逢人就夸那匹战马是“龙马”、“神马”、“天马”、“铁马”。说那马虽然千年仅一见，但流传人间的象棋中，常有“乌骓马”的神韵在流传。这个马云史呢？还是个象棋迷，不光仁里村左近三里五庄文人士绅的庭院、村夫老农的村头田间，凡是有棋摊的地方就有他的身影。那汜水街心闹市，也因他独特的棋艺，而招徕着府

吕钦、赵国荣对弈于荥阳

县四乡的棋迷。这在道光、咸丰年间，成为汜水街景的一绝。他的棋艺独特在哪里呢？就独特在他尊崇霸王项羽上、独特在他钟情“乌骓马”上。他下棋必执黑子，让人先走不说，还好赢人家一个“卧槽马”。每逢他赢了人家一盘“卧槽马”，就欣喜若狂，不说他一蹦三尺高，他总会两手张扬着，仰天大笑，两眼笑成一道缝。这时，你求他写字呀！题诗呀！画画呀！一求一个准，总会痛痛快快地答应你的要求。他自夸，这个时候写的字、题的诗、画的画，有神韵、有豪逸之情。他的棋艺还独特在他用的棋子上，他用的黑马是铁铸的马。据他自己说：有一天，去等慈寺观摩颜师古碑刻，遇上了风雨交加，坐到石台子上，不知不觉地朦朦胧胧睡着了。睡梦中，梦见战马嘶鸣，蹄声“踏踏踏踏”奔驰不停。心中极力想看清楚战马的模样，看来看去，总是模糊不清。后来，终于看清楚了那战马的雄姿。你说怪不怪？在等慈寺里做梦，看到的不是秦琼秦叔宝的黄骠马，偏偏是霸王项羽的乌骓马。这，怎能不让人喜欢得大叫一声？这一声，正呼应着天上打雷，乌骓马化神龙腾空而去，但他作为吉兆也把乌亮的雄姿永留在心上。于是，铸了两枚铁马，随身携带，到哪儿下棋，便作为棋子摆到棋盘上。

当时，汜水出个武状元名叫牛凤山，是马云史的文友，也是马云史的棋友。牛凤山呢？是个武状元，可文才，琴棋书画也很好。在交往中，极其欣赏马云史的墨宝，可不怎么称赞马云史的棋艺，牛凤山提醒“马老先生”要“不拘一格降人才”，下棋时要用好所有的棋子。有一次，在汜水的街心闹市十字口，马云史赢了武状元牛凤山一盘“卧槽马”，高兴得手舞足蹈地笑个不停，“铁马卧槽赢了武状元”，顿时成为佳话而广为流传。牛凤山呢？也大笑着拉起马云史，前往高升酒楼，摆宴为之祝贺。那宴，也独特啊！充满汜水的地方风情，斟满美酒上窟春太溪液，列满美味金爪蟹、金钩虾，金鳞鲤，令人叫绝的还有金爬叉（蝉的幼蛹，刚能爬树，尚未羽化）。席间，敬过三杯酒之后，牛凤山说：“我不是扫你的兴，是给您添兴，我就是不懂，那盘棋您早就该赢

了，就因为您要施展‘卧槽马’，让我差一点反过手来。即使您偏爱‘马’，那‘高吊马’、‘定角马’、‘跨角马’、‘马后炮’等等用‘马’取胜的机会多的是，可您老为什么定要走成‘卧槽马’呢？”

马云史为牛凤山端了一杯酒，自己也抿了一口，表示自己居后、居下的敬意，然后说：“在下取名‘云史’，一举一动不敢违背这两个字。下象棋嘛，也要印证自己的棋艺，光想让棋艺的水平能吻合于历史典故。这，就是状元公指出的‘下棋下的拘泥’。”说着，又自责又自得似的哈哈一笑。

牛凤山一听，更加不懂了：“‘卧槽马’吻合历史？”

马云史进一步袒露自己的襟怀说：“是啊！得‘槽’，得海春侯曹咎，那曹咎勇猛进兵，霸王项羽迅雷不及掩耳攻破成皋，撵得刘邦连夜坐小船北渡玉门狼狈逃窜；失‘槽’，那海春侯曹咎弃险不守，兵败半渡被击，自刎汜水，丢掉成皋，霸王的声势便一日不如一日，直至败北，失去了江山。看来，铁马得槽，便是得‘食’；铁马失槽，便是失‘食’；‘得食’则胜，‘失食’则败啊！连老百姓也以食为天，何况马呢。”

牛凤山一听。恍然大悟地把桌案一拍：“啊？原来是这样吻合历史呀！”

马云史微笑着又敬牛凤山一杯酒说：“事，由于此，也不完全在于此。这里面，还有难以尽言的感慨。有一首小诗，正是写我‘铁马得槽的心性’：

输赢等闲事，
成败须臾间。
铁马又入梦，
凭槽蹄更欢。”

“好一个‘凭槽蹄更欢’！”牛凤山情不自禁，立饮三大杯为敬：“想不到，想不到，您是这样悟透了下棋的道理……”

讲述人：梁天贵、62岁，工人，幼读私塾，侨居上街酱菜厂。

讲述时间：1968年

“小卒拱心”

广武山，古代有一座很有名的粮仓，叫敖仓。敖仓南坡的出口，叫仓头。仓头跟前有一溜村庄，名叫铺头。一溜铺头的中心，有个最大的村庄，叫陈铺头。一溜铺头的人，都好下棋。没有棋盘，用棍画；没有棋子，摔泥巴、削木疙瘩。陈铺头的人尤其爱下棋，五、六岁的孩子不认识几个字，但他们知道车叫“居”，他们知道在湿泥巴上刻“卒”字、刻“将”字。泥巴做的棋子容易裂，他们会从家里“偷”大人舍不得吃的盐巴。盐水和泥捏出的棋子，可以多玩两天。当然，也有讲究的，用窑里烧出的棋子、用石头磨出的棋子、用美玉雕出来的棋子，用楸木、梨木做成的四面光八面净的棋盘。有了棋子、棋盘，人们都好争个胜，比个输赢。陈铺头村中间有座火神庙，庙里有两条长板凳，可吸引人了，晴天，庙门口；雨天，庙里头；有时会摆上三、四盘棋摊。一溜铺头下棋的高手比较多，可赢棋算不得本事，算不得能耐，只有赢了人家“小卒拱心”，才算是真正赢了。这种棋摊上的习惯；打什么时候兴起的，很难说清。清末、民国初，有一个老秀才叫陈云彩。陈云彩平时“之乎者也”，颇有些斯文的做派。可他一蹲到棋摊旁，一摸着棋子，做派就全变了，一股风起云涌的气势全出来了。陈云彩棋下得好还不怎么叫人佩服，他叫人佩服的是，十盘有七、八盘赢的是“小卒拱心”。

正南五里高村，有个高静斋高老先生来了，输了几盘“小卒拱心”，尽管陈云彩油馍、鸡蛋汤款待，仍不舒心。西南八里司马村，有个赋闲的京官马禄一来了，也输了几盘“小卒拱心”，尽管陈云彩烙馍、炖豆腐款待，仍直挠心。远上百里虎牢关，著名知县张桐荫的族孙张步云来了，又输了几盘“小卒拱心”，尽管陈云彩炸油角、炒鸡蛋款待，仍为自己的几着臭棋痛心。

挠心也好，痛心也好，不舒心也好，反正是明里认输心不服。于是，高老先生出头，约了七八位文风棋艺卓著的乡绅，登飞龙顶、参玉仙宫，来了个弈坛盛会。或两两对阵，轮番厮杀；或袖手旁观，凝神揣艺；一连下了半个来月，从月钩钩直下到月团团。那时候，人们下棋讲究“观棋不语真君子”，在棋摊（不，不，他们是棋枰）边上没有多嘴多舌的，输赢全仗“下家”的真本事。几十盘下来，心里再不服也不行，陈云彩的“小卒”硬是要“拱心”。

最后一夜，不摆棋了。在明晃晃的月光下，摆上了懒柿、脆枣、石榴，大家说说笑笑边吃边谈。可，三句话没说完，就又拐到了棋上，拐到了“小卒拱心”。高老先生剥着石榴籽，慢声慢气地问陈云彩：“云彩兄，你这‘小卒拱心’是怎么悟出来的？跟那儿（快读，发“乃”音）悟出来的？……小卒怎么会这么厉害”？马禄一、张步云几个人一听，这话正问到自己的心窝里，也都跟着连声询问。

陈云彩笑了笑说：“跟那儿？就跟咱这儿（快读）悟出来的。咱这儿不是有个传说，说汉高祖刘邦被霸王箭伤前胸之后，在咱这儿养伤，恰恰遇到楚兵前来偷袭……”

逾越鸿沟
走向和谐
欣赏敬录首届中国象棋文化节广场标语
陈孝堃乙酉深秋

陈孝堃题词（国家象棋特级大师、象棋理论家）

刘殿中、柳大华对弈于荥阳

马禄一听到这儿，似乎也悟出了什么，忙接过话来："是啊！是啊！刘邦差一点被人家逮住，要不是他骑的马是龙驹，从咱这儿山顶飞过了山壑，咋会脱身？嘿！真险啊！"

张步云也连声说；"广武山飞龙顶，也就是从这事上才得名的啊！"

陈云彩又往深一步说："即使传说不作准，还有史书为证。《史记》上不是清清楚楚地记载着汉军利用甬道，运敖仓之粮供军需，楚兵派出几队无名小卒，在咱这儿断甬道，围得刘邦困在荥阳城（古荥）中乏食绝粮，不得不让纪信假冒他出城投降。你说，这小卒"拱"到"心"里，厉害不厉害啊！

高老先生听得心服口服，忍不住拍着案子说："会下棋的人，没有不珍惜卒子的。霸王的卒子也真中用，可惜他差一点没用好。要是他再多一点智谋，这'九五'之尊嘛，也就胜券在握了；怎么也不会，让人家的小卒'拱'到垓下……"

陈孝堃、李来群对弈于荥阳

讲述人：梁天贵，62岁，（1906年生）工人，幼读私塾。侨居上街酱菜厂 。

讲述时间：1968年。

二、楚汉争霸的传说故事

离间计，离间范增

刘邦自从灵璧大败之后，退守荥阳，虽说暂时稳住了阵脚，可气势冲天的楚兵跟踪而至，攻打甚急，说不定哪一天就会出事，只怕逃也无路可逃。面对这样的形势，刘邦终日忧心忡忡。滕公见刘邦愁眉不展，便劝解说："主上无须担忧，荥阳城高池险，我们又筑甬道，通敖仓，粮食源源不绝，项羽再厉害，又能怎么着？说不定他们日久用兵，粮草不继，就会不战自退"。正说之间，忽然传来了一个坏消息：范增给霸王出了一个狠主意，派兵阻截和破坏了我们的运粮甬道，要困死、饿死我们。刘邦听罢，不由得长叹了一声："又是范增……"刘邦心烦意乱，愁得连饭也吃不下。张良和陈平听到了消息，一块儿来到刘邦的跟前。张良说："主公莫要发愁，我已让人重修甬道，加强防护，短时间内军粮不会成问题。"刘邦听了后，心稍稍放宽了一点，连声说："好！好！"可是他的眉头，仍然紧紧地锁着。

张良望了陈平一眼，陈平便上前向刘邦说："霸王的确太厉害了，也怪不得大王发愁。"刘邦一听，气哼哼地瞟了一眼："我哪里是怕项羽，只是……"

陈平一笑，接着话说："……范增诡计多端，太让人讨厌。不过，大王不必担忧，臣想个法子，为大王除掉范增。"

刘邦一听，眼睛一亮，马上拉住陈平的手说："你会除掉范增？"

陈平望了望张良，张良点了点头，陈平便对刘邦说："即使除不掉他，也会让他在项羽面前起不到啥作用。"

刘邦高兴地说："这可太好了……只是范增这个人太难缠了，你……你用什么法子呢？"

张良接过话说："主公别问用什么法子，您交给陈将军去办就是了。"

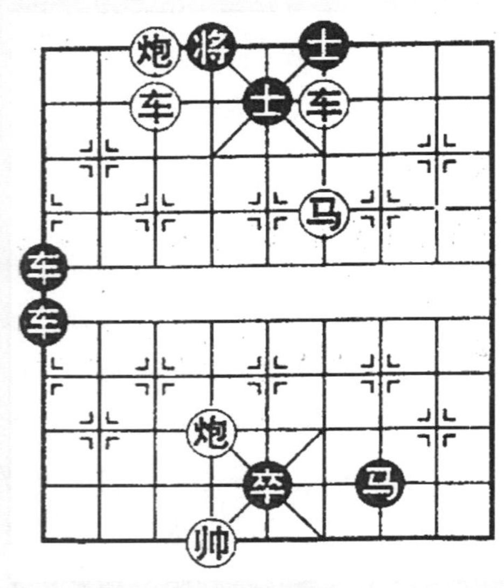

鸿门碎斗（荥阳城乡流传的残局）

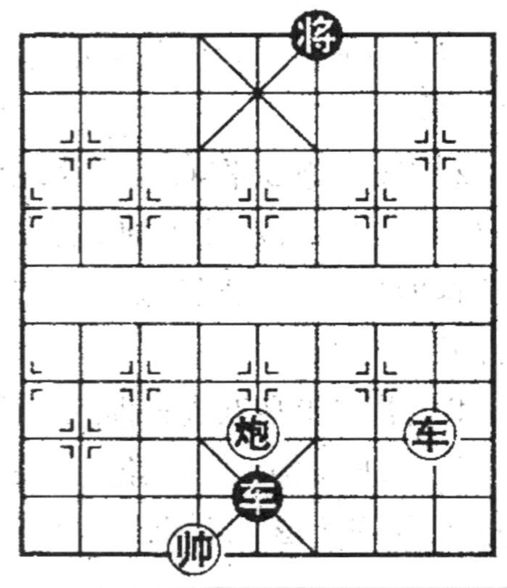

赶虎出穴（荥阳城乡流传的残局）

刘邦二话没说，就点头表示同意。哪知陈平跟着说了一句："臣得花好些黄金……"

刘邦笑了："那你会花费多少？花吧！"

陈平说："臣得用上百斤啊？"

刘邦一愣，侧过脸看了看张良。张良一声没吭，只是轻轻地点了点头。刘邦马上答应说："任由爱卿掌握，你随意用好了。"

刘邦呢？答应是答应了，可心中并不踏实。等陈平走了以后，他便问张良："范增可是个有骨气的人，拿黄金会收买了他？想当年在鸿门宴上，我送给霸王一双玉璧，送给他一对玉斗，霸王高高兴兴地收下了；他呢？竟掏出宝剑，把玉斗砍得稀碎。"

张良意味深长地说："霸王手下不光范增自己，范增不爱财，还有爱财的人。买通那些人去霸王跟前说范增的坏话，光买通一半个人不行，得让好些人从许多方面说范增的坏话，这样才能动摇霸王对范增的信任。霸王对范增不信任了，范增再有本事不是也等于没有本事了吗？"

一席话，说得刘邦十分佩服。因而，更加着力支持陈平的暗中活动。

说话之间，过了好几个月。一天，手下忽然禀报："霸王派使者来求见大王。"陈平高兴地跳起来说："大事成了。"马上吩咐后帐："准备一桌招待最尊贵客人的酒宴。"然后，又贴近刘邦的耳朵，如此这般地一讲。刘邦呢？也连声叫好。然后，他便很尊敬地去接见使者。那使者还没有坐稳，好酒好菜便端了上来。

那使者刚说了半句："霸王让我……"

刘邦就很惊讶地问："什么？你是霸王派来的？不是亚父历阳侯派来的？"一边说着，一边扭着头对手下的人吆喝："撤下去！撤下去！……我还以为是历阳侯派来的人呢？"

就这样，一桌盛宴霎时间撤的一干二净。停了一小会儿，又换上了一桌招待普通人的饭菜。使者把这一切都看到眼里，记在心里，暗暗盘算："刘邦为什么对历阳侯范增这样好呢？我咋说也是霸王的使者呀！为什么这么看不起我呢？"

使者回去之后，立刻把自己的遭遇，一五一十地向霸王讲了一遍，还说："范增肯定和刘邦私下里有交往，不然刘邦不会这样。"

霸王这些时，听到的净是说范增的坏话，他在心里似信非信，今个一听使者从刘邦军营中回来这么学说，不由他不起怀疑。于是，他便采取了一点措施，在一些方面削减了范增的权力。

范增呢？他赤胆忠心地先为项梁，又为项羽谋事，拼死命，出死力，如今项羽对自己的计谋常常不予采纳不说，反过来又要限制自己，眼见是对自己不信任了，这怎能容忍？这怎能再为他干下去？想到这儿，他长叹一声："罢！罢！罢！我年事已高，就落个骸骨归乡吧！"想罢，便向项羽提出辞职请求："天下事基本上定下来了，君王自己就能办好 了。我年岁老了，但愿保存骸骨返回乡里。"

项羽呢？一想："回去就回去，难道离开了你，我就打不下天下吗？"便准许范增离职返乡。

范增赌着气，窝着心，一心一意返回老家。奈何气不顺，年事又高，不知不觉中，引发了背上的毒疮，走到半路便去世了。

就这样，刘邦用计除去了他在世上最害怕的人。

讲述人：陈奎、教师，58岁，陈铺头村人

讲述时间：1970年

激将计智取成皋

楚霸王项羽攻占成皋（虎牢关）之后，原本准备一鼓作气给刘邦以歼灭性的打击。奈何后方传来十分不利的消息：彭越在梁陈一带截阻粮道，致使三军缺粮乏草。俗话说："兵马未动，粮草先行"，数万大军缺粮乏草那还了得？还怎么打仗？看来不先解决彭越这个心腹之患，实在不行了。当然，项羽很清楚，只要他领兵东顾，去打彭越，消声隐迹的刘邦马上会露出头来，夺取成皋。成皋是刘邦生命线上的咽喉之地，自己好不容易才夺到手，扼死成皋，便隔断刘邦和关中的联系；扼断刘邦的喉咙眼。如若失去成皋，刘邦不仅能喘过气来，死灰复燃，必然还会声势大振，再想收拾刘邦只怕难上加难了。想了又想，项羽还是决定，自己先回兵打彭越，打他个"迅雷不及掩耳"，能歼就歼，不能歼灭，也要打他个望风而逃，使他再也不能祸害自己的粮道。兵贵神速，用个十天半月，自己再回兵来西，再寻刘邦作战不迟。

想到这里，便让手下招呼一员猛将速进帅账听令。猛 将是谁？原来项羽让人请入帅帐的乃是海春侯大司马曹咎。这曹咎，跟随项梁、项羽南征北战，杀法骁勇，屡立战功，是霸王帐下为数不多的几员爱将。

项羽一见曹咎威风凛凛地走了进来，满怀欣喜。他对曹咎说："有一重任，我想来想去，非你莫属……"

曹咎一听，马上倒身下拜："主公但有差遣，臣当竭心尽力，哪怕肝脑涂地，也必不辜负主公的信任。"

项羽急忙扶起曹咎说："爱卿的勇猛和忠心，我是信得过的。只是对手太过狡诈，总怕你会上他的当。"

曹咎连忙拍着胸脯说："主公放心，曹咎定当遵从主公的教导，知道'兵乃危道'，一定小心从事。"

项羽点点头说："懂得'兵乃危道'就好。你知道，彭越那个鼠辈太坏，从不敢和我们认真打它一仗，只会偷偷摸摸骚扰我们的粮道。要想和刘邦决战，彻底打垮消灭刘邦，没有充足的粮草作准备，那是不行的。所以，我要回兵梁地，痛歼彭越，彻底解决后方的隐患。怕只怕，我一回兵打彭越，刘邦定然趁机攻打成皋这座咽喉要地。我准备将守卫成皋的重任交给你，由你独当一面，挡住刘邦的进袭……"

玉门古渡

曹咎一听霸王对自己这么看重，交给自己这么一个重任，不由得豪气冲天："主公但请放心，如果刘邦胆敢伺机进犯成皋，末将一定把他杀得片甲不回。倘能邀天之幸，说不定还会把那刘邦生擒。"

项羽一听，连忙说："将军勇气可嘉，但刘邦绝不是轻易便能打败的人。成皋易守难攻，将军只要紧守关隘，阻止刘邦东进即可。千万不要匆莽出战，以免中刘邦的诡计。"

曹咎见项羽一反勇猛赴敌的常态，谆谆嘱咐自己，哪敢再多言多语，立刻连声答应："末将谨遵主公的嘱咐，一定守牢成皋。"

项羽又说："我这一次回兵围歼彭越，最多需要十天半个月。只要你能守牢成皋半个月，等我得胜回来，将军便是立下了大功一件。”

曹咎听霸王这么一交代，更加把心放下了，似乎守牢成皋不是什么凶险危难的重任，而是唾手可得的功劳。

项羽回兵东讨彭越，刚刚走了不到半天，关外便传来了急报：“刘邦大军自修武南下渡河，欲取我成皋。”

曹咎闻听，心里乐开了花。哈哈大笑说：“果然不出主公的所料。想打我成皋，就让他刘邦来吧！我倒要看看他有什么本事？”说是这么说，可他在行动上也不敢怠慢，一边吩咐：“多准备滚木、檑石和箭弩，牢守关隘。”一边亲临关头，察看双方交战情况。

一天过去了，那汉兵虽然分几“波”多次攻关，每一次都在严密的防守下溃逃而回。还有几次死伤累累，溃不成军，狼狈得很。

又一天过去了，汉兵在关下败得更惨，几乎没有人再敢贴近关口攻打。曹咎心里暗暗笑道：“就这么样的熊兵啊？还想打我的成皋？做梦去吧！”

第三天过去了，那汉兵似乎被滚木、檑石、箭弩打怕了，只敢在渡过汜水西岸不远处，隔着一段距离，向关上大声叫骂。本来是汉兵们怯懦得不敢拼命攻关，反而骂曹咎是“没弹子的货，不敢出关对阵”、“像老鼠一样躲藏在洞里发抖”、“没有一点点血性，还敢号称大司马？你回家司娃娃喂奶吧！躲在女人的裤裆里千万别露头吧”、“曹咎要是敢露头？定被打成夹尾巴狗”等等等等。一直骂到天黑，还不算了，又点着了火把，还在骂。

曹咎忍着气，置之不理。可，你不理他，他越发猖狂，汉兵们索性连关也不攻了，高兴时，向关头放几根没一点准头的冷箭；不高兴时，就坐到地上，甚至躺到地下泼口大骂。骂着骂着还骂出花样儿来，扭着骂、跳着骂、舞着骂、比画着骂、扮成曹咎学老鼠的模样儿骂……

这么接连两天，关上的楚兵都不干了。都说：“我们跟着大司马打仗，啥时候不是敢杀敢拼？啥时候不是让敌人在利马快刀下跪地求饶？啥时候被人小看过？你瞧瞧关下汉兵的那个熊样儿？竟敢这样骑到爷爷们的头上放肆，就是把成皋守住了，让人传出去说：‘曹咎的兵是一群鼠辈没弹子’，那还怎样有

脸挺立到万军阵中？”人人想到这里，人人怒火冲顶，纷纷向曹咎请战，一定要把这一群汉兵生擒活捉、千刀万剐。

曹咎一连观察了几天，汉兵散漫那个劲、那个阵仗，实在是不堪一击，刘邦根本不像霸王交代的那样难打，自己何必受这气？“对，说干就干，先把这股汉兵消灭俘虏了解解恨再说。”

一声号令，楚兵蜂拥直下，猛扑汉兵。那知那些汉兵骂阵怪厉害，自己却没一点胆儿，一见楚兵杀来，扭头就逃。汉兵的背后是汜水，汜水虽宽，却不怎么深。汉兵逃起命来，哪管水深水浅，没命地趟水而逃。楚兵高兴得大笑起来：“乖乖儿，早知你这么不经打，我早就大开关门找你这熊货算账了。”曹咎呢？也认为大功即将告成，自己不愧是大司马，是霸王的勇将。

那知，正当楚兵乘胜涉水之时，山坳里鼓声骤起，无数盔甲铮亮，旗幡乱舞的汉兵从三面围攻而来。不等楚兵上阵，不等楚兵列阵，不等楚兵回头转身，已被歼灭在汜水的乱流中，楚兵的血，把汜水都染红了。曹咎又回头望了望成皋，号称天险实实在在也险峻异常的成皋，已被快马疾进的一股汉兵夺下了。回天乏术，曹咎长叹一声，抽出宝剑，自刎到汜水边上。

讲述人：赵幼甫，女，72岁，教师，陈铺头村人。

讲述时间：1980年

攻荥阳失策长智

汉军复夺成皋，立即挥师东进，攻取荥阳城。当时，荥阳的守将是钟离昧，这个钟离昧的武艺，比起大司马曹咎差得远了。汉军上下都认为：取荥阳还不是“小菜一碟”，风卷残云般一扫而过。那钟离昧说不定还会闻风而逃呢？

的确，闻听刘邦夺得成皋，钟离昧心知肚明，知道刘邦要东进，下一个目标肯定是自己的荥阳城。自己的本事呢？比不过曹咎；自己领的兵呢？也没有曹咎的多、更没有曹咎的精；说起来荥阳的城池，也没有成皋险峻；面对着凶

荥阳故城

焰高张乘威而来的汉兵，该怎么办呢？当然，钟离眛想到过弃城逃跑！可这么多步卒跑得过汉军的铁骑吗？要让人家追到一个连城池也没有的地方，那才欲哭无泪、死无葬身之地呢？可，他又想：曹咎的精兵，并不是败在守城上。而是败在中了奸计，有城不守、有险不据，败在半渡被拦腰一击的上面。想到这里，他决定利用荥阳城高池深、易守难攻的优势，抗击汉兵。

当时，项羽正在梁（今，开封）陈（今，淮阳）一带和彭越激战，刘邦本应该置荥阳于不顾，麾兵东进，迅速和彭越联合，对项羽形成夹击之势。可惜，刘邦他们对钟离眛过于轻视，数次急攻荥阳，那知连攻连败，死伤许多人马也没有攻下来。钟离眛的“弱兵”却像吸铁的磁石一样，把刘邦的大军“吸”住在荥阳城下，“吸”住了好几天。等到刘邦他们想用断粮之计，出兵到荥阳东截钟离眛供粮之路时，形势已发生了一百八十度的大变化：项羽利用这几天的时间，已击溃彭越的兵马，彭越率残卒逃跑得不知去向；项羽腾出了身手，急忙忙率大军来西，专寻刘邦决战，下决心一劳永逸，务要一举歼灭汉

家兵马。

刘邦听到项羽回师疾进的消息，由于实力相差悬殊，竟吓得不知所措。张良见刘邦好像热锅里的蚂蚁，焦急得团团转，便凑到跟前进言说："我们攻打荥阳虽然失利，也不是毫无所得。钟离昧给我们上了一课，上了弱兵如何抗击强敌的一课。"

刘邦怔了怔，连忙问道："先生的意思是……"

张良说："我的意思是，咱们好好地学学钟离昧。他能凭着城高池深的有利地形抗击我们，我们为什么不能凭借有利的地形抗击项羽的大军？"

刘邦说："好！好！先生快出主意吧！先保全自己再说。"

张良说："对！先保全自己。全军尽走险阻，上广武山。那里山险沟深，项羽的兵力再强，一时也攻不下。相持的时间越长，越对我们有利，情况会越来越好……"

刘邦觉得这一招很高明，命令汉军尽走险阻，抢占据鸿沟西岸的西广武城，以阻挡楚兵、以保全自己……

讲述人：赵佑甫，女，教师，72岁，陈铺头村人

讲述时间：1980年

磨旗岭

一提起汉王刘邦帐下最勇猛的武士，人们都会把大拇指头一竖，说出樊哙的大名。因为樊哙手执盾牌和利刃，在千军万马戒备森严的腾腾杀气之中，勇闯鸿门宴，赢得霸王项羽的赞赏和喜爱，救下了刘邦。那饮美酒、吃生肉、不怕死、敢拼命的豪气，都让后世的英雄们敬佩不已。可是，很多人并不知道他秉性的另一面：不求名，不为利，甘弃所好，置痛快淋漓尽情任性的冲锋陷阵贴身搏斗于一边，不声不响地做自己不擅长，不喜欢，不痛快可又必得去做的"苦"差事。

这故事，得从汉王刘邦三据成皋，出兵东征开始说起。汉王刘邦趁楚霸王项羽在梁、陈一带，正和彭越拼个你死我活之机，企图引大兵东进，好和彭越形成夹击之势，让项羽成为瓮中之鳖。他派出的领兵先锋便是最能冲锋陷阵的猛将樊哙。樊哙耀武扬威，第一个要拔除的战略要地首指荥阳城（今，古荥镇）。楚霸王那面，据守荥阳的守将名叫钟离昧，若论起武艺，要是俩人单打独斗，十个钟离昧也顶不住一个樊哙。所以，樊哙认为荥阳城可一鼓而下。那知人家钟离昧并不和他樊哙单打独斗，依据着城高池险，让樊哙死伤了好些人马，在城下再暴跳如雷也攻打不破。就这样，猛将樊哙让钟离昧奈何在荥阳城下了好多天。这好多天嘛，整个战场形势陡地发生了逆转。楚霸王项羽在梁、陈一带，已打败了彭越，当他听说成皋又被刘邦进占、荥阳危急，便挥动大军，扭转头往西，连日带夜马不停蹄地杀将过来。樊哙正苦攻荥阳不下，急得火冒三丈，抓耳挠腮地想不出办法。听说霸王项羽的救兵即将赶到，更是气不打一处来。立马求见汉王刘邦，向刘邦请令，要分兵一支迎将上去，和霸王拼杀一阵，见个高低。

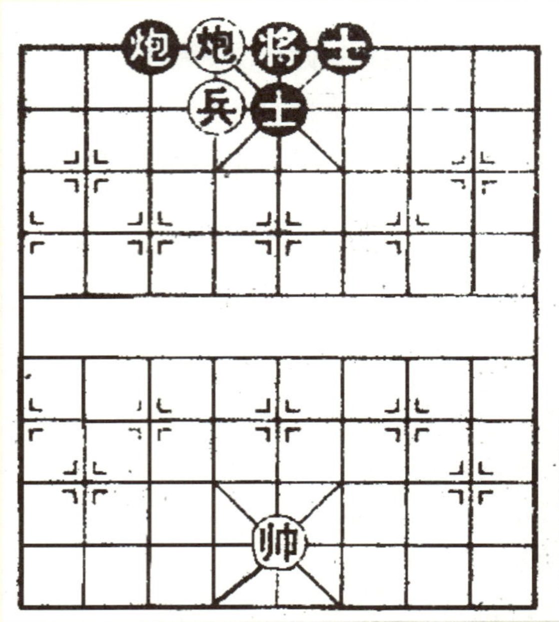

日月交蚀(荥阳城乡流传的残局)

当时，张良正好在刘邦的身边，出言阻止说：“将军勇气可嘉，但楚兵势大，此时不可力敌。”

樊哙不解地说：“我在侧畔设埋伏，阻击他一下也不行吗？让他吃点苦头，遏止一下他的攻势，打掉他点气焰，有什么不好呢？”

张良说：“你分兵前去，带的兵少了，会起多大的作用？带的兵多了，前面又没有可利用的好地形，极易被人发现而形成混战。混战，拼消耗，我们非吃大亏不可。更主要的是，我们的兵力本来就少，你一分兵，会削弱下一步的

防御力量，甚至会种下溃败的结果。所以，我不同意将军前去迎敌。”

刘邦一听，发愁地说：“那可怎么办呢？”

张良胸有成竹地说：“事情想透了，事就好办了。项羽派海春侯曹咎守成皋，那曹咎的本事非钟离眛可比，曹咎要厉害得多；而且，成皋城的险峻也非荥阳城可比，成皋要凶险得多；为什么曹咎守不住成皋呢？就因为他有险不守，硬要仗着匹夫之勇和我们夹汜水对阵。这样，才使我们有机可乘，暗设奇兵、铁马突袭，将他打得大败，逼得他拔剑自杀。钟离眛呢？武艺平常，可他据险巧守、善用计谋，致使我们攻打多日也攻打不下。如今，荥阳守军已和项羽援军成犄角呼应之势，如若我们不赶快转移以保存自己的力量，反而还要迎将上去，那不是投身虎口吗？后果实在不堪设想。所以，我们决不能再犯曹咎的毛病，而要向钟离眛好好学，赶紧经营凶恶险峻易守难攻的地方，布置好兵力。只有这样，才能抗击强敌，才可转化危机，力求转弱为强，打败敌人。”

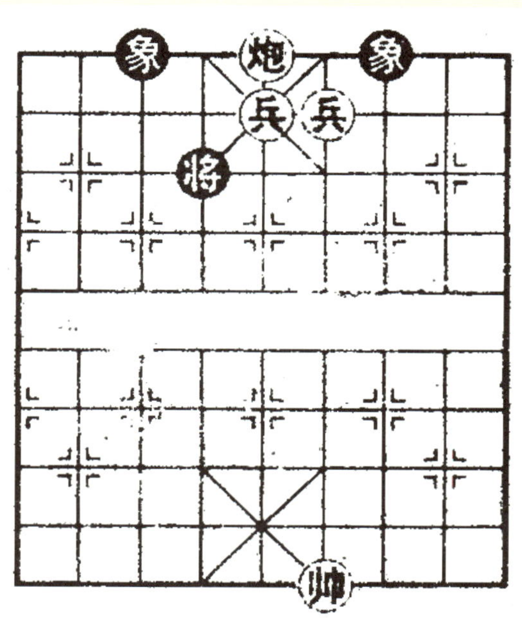

地罗天网(荥阳城乡流传的残局)

樊哙对张良素来最为佩服，听了这一番话，便又自告奋勇地说：“好！军师考虑的就是细致周到。您说吧！准备撤兵转移到什么地方？不管转移到哪儿，我都扼守在最前头，定要拦住项羽，痛痛快快地杀他一阵。”

张良听樊哙这么一说，微微笑了笑，拍着樊哙的“肩摩头”说：“撤兵转移固守抗击项羽的地方，我已选好了，就是广武山上鸿沟那边的西广武城。那儿，山险沟深，项羽的人马再多，一下子也冲不过去。”

樊哙听到自己又有施展身手的机会，高兴得差点跳了起来："好！我就好打头阵，我就守在那儿，给项羽一个下马威。"

刘邦见樊哙这么勇武，脑子里的满天愁云似乎消除了一大半。当他正要答应樊哙的要求时，张良却拦住他，对樊哙说："今后，仰仗将军出大力的地方正多，很多要隘险垒都需要将军把守，不知将军您会不会分身法？"

"啊！分身法？……军师，您在说笑话吧！樊哙的本事再强、武艺再高，也是一介凡夫，分身乏术啊！"

张良又笑着接过话说："是啊！将军是一介凡夫，不会分身法。可，项羽的人马这么多，鸿沟又这么长，他要是从山北黄河滩里抢渡鸿沟？他要是从山南缓坡处抢渡鸿沟？他要是从正中间最凶险而人们最容易大意的地方抢渡鸿沟？将军虽勇，能处处都给他个下马威，把他挡回去吗？"

樊哙懵了，答不上来了："这……"

"所以说，将军要牢记曹咎的教训，切不可逞匹夫之勇。"张良语重心长、不耐其烦地再次提醒樊哙。

刘邦一听，心里也有点毛，坐不住了："军师，照你这么说，咱这西广武城不是也守不住了吗"

"西广武城怎么会守不住呢？"

张良的话还未落音，刘邦和樊哙就异口同声地急着发问，他们心中没底呀！他们异口同声地催张良："军师，您有什么好办法，快说吧！咱们的处境实在是危急万分啊！"

张良马上安慰他们说："主公休急，将军勿慌，在我军进占成皋、东征荥阳之时，我就防备着今日的局势了。人，不能光虑胜，不虑败啊！那时，我就怕项羽打败彭越，回军西来，全力围攻我们，我们会出现势弱难敌的情况。无奈之中，想出了一个办法：凭险固守，后发制人。如今，正好用得上。那时，我登上广武山，详细察看地形，西广武城东临鸿沟天险，完全可以防御强敌。但是，怕就怕项羽趁我疏忽，集重兵于一点对我军突袭。后来，我又仔细地观察了一下地形，心里就不怕了。这，就得仰仗将军的神威了。"说着，张良还躬身、对樊哙作了一个揖。

樊哙愣了，连忙还礼："咳！俺樊哙还有什么神威？请军师吩咐，只要用得着俺，刀山火海俺也敢闯。"

"打住、打住。"张良连忙说："我就怕将军往刀山火海里闯。"

樊哙听张良这么一说，不光愣了，而且傻了，真不知该怎么办了："哪……"

张良伸手拉着樊哙的手，脸色十分凝重地说："西广武城西三几里，有一座岭，在岭上可以把东、西广武城以及黄河滩和南山坡看得清清楚楚。十多里地内，有什么风吹草动，那山顶上都可以察觉。我想在那岭上，竖一杆大旗，根据项羽的动向来调动我军，针尖对麦芒进行抗击。他们集重兵于黄河滩，岭上的大旗就向北磨；他们蓄人马于山南坡，岭上的大旗就向南磨；他们着力于中间强渡鸿沟，岭上的大旗就往中间磨。这个掌旗的，虽然不闯刀山火海，责任比他独个儿闯刀山火海还重，事关大局啊！我想来想去，这个掌旗非将军莫属……"

"啊！军师。"樊哙见张良对自己这么器重，情不自禁地抓紧了张良的手。

"将军屯兵那高岭之上，掌管火红的大旗，前沿的兵士只要望见红旗，便会想起将军。借将军的神威，给我军兵士壮胆，长我军之豪气、增我军之信心；更借将军作战经验和洞察战局的智慧，使我军的'钢'都用到刀刃上。……"

就这样，樊哙知道了：想成功，光凭匹夫之勇不行，得学会用智。

就这样，汉王刘邦和霸王项羽隔鸿沟对峙将近一年的残酷岁月里，樊哙没闯入敌阵胡砍乱杀，而是屯兵西广武城西的那座高岭上，时不时磨动着大旗，调动着前沿将士抗击楚兵的突袭。樊哙虽然没有把守一处要隘，却在大旗的磨动中，守牢了全线的阵地。

就这样，这一座无名的山岭得到了一个铭记于青史的名字：磨旗岭。

讲述人梁天贵，62岁工人，幼读私塾，侨居上街酱菜厂

讲述时间：1968年

埋“剑”沟

广武山上，汉王城西边，有一条从西到东、劈山而横行、中间拐着几个弯弯岔岔的深沟，名叫埋剑沟。猛一听，谁都觉得这个名字很奇怪，山窝里的一条沟，怎么会叫这么个奇怪的名字呢？说起来，很有趣，因为有一个人在这儿埋下了他最为珍贵的“宝剑”。这个人是谁呢？就是那个张良，在史书上大大有名的张良，秦末汉初三杰之一的张良。或许有人问：那么珍贵的“宝剑”，他为什么要埋起来呢？为什么要埋在这儿呢？这，说起来话长，咱得先从汉王刘邦和霸王项羽隔鸿沟对话讲起。

楚汉逐鹿中原，打了三个多年头，打出了一个非常奇特的战争景象，楚汉两军隔鸿沟对峙于广武山，对峙了好几个月。起初，楚军势大，汉兵抵挡不住，这才跑到广武山上，凭借险要的地形苦苦支撑。好长一段时间，楚军仍然占着压倒的优势。一天，霸王隔着鸿沟对刘邦说：“你赶快投降吧！你父亲落

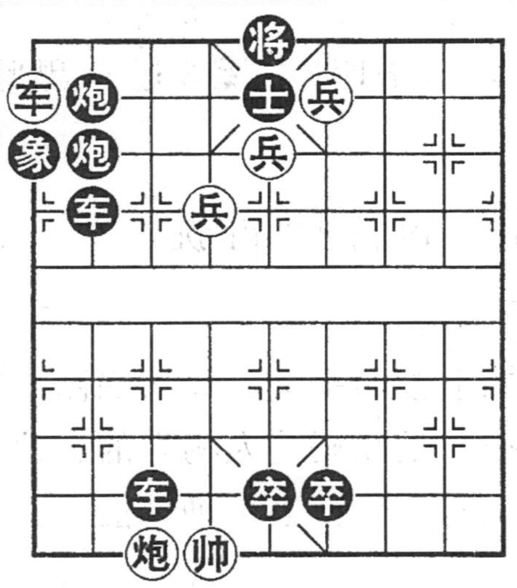

力挽狂澜(荥阳城乡流传的残局)

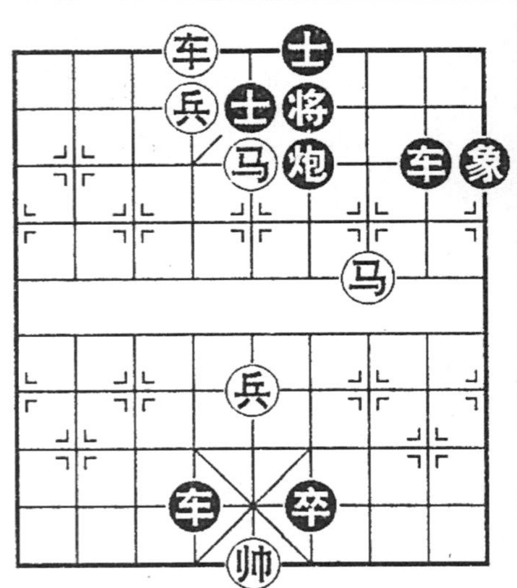

落花流水(荥阳城乡流传的残局)

在我手里，你要是不投降，我就把你父亲下到锅里，煮了。”刘邦心里想：“我要是投降了，你没有顾忌了，你不但想把我父亲怎么着就怎么着，你还能把我、把我的这么多部下想怎么着就怎么着。看来，投降和乞求这两个办法都

不行。刘邦猛然想起自己曾和项羽结拜过，便软里透硬地回答说：“咱俩曾结拜为兄弟，我的父亲也是你的父亲。你要是真想煮咱父亲，请你煮熟后，分给我一碗肉羹。”霸王听了这话，气得脑门直冒烟，可也没有办法。张良在一旁，见刘邦处理这么一件左右为难的事，处理得这么得体，心里十分佩服。

霸王一计不成又想一计。他对刘邦说：“咱俩个人争夺天下，打了这么久，连累了这么多老百姓，实在不应该。不如光咱俩个，面对面单打独斗，谁赢了谁得天下，谁输了谁就让出去，咱们不连累老百姓。”刘邦笑着回答说：“我宁斗智，不能斗力。”张良听到这儿心里更叫绝：汉王刘邦这个人，看起来懦不叽的，其实是个非常有智慧的人，而且是有大智慧的人。

张良心里佩服，更是注意倾听汉王和霸王的对话。只见汉王刘邦接着开始了反守为攻。刘邦扳着指头，义正词严地历数霸王项羽的十大罪状。越说，汉兵的士气越高；越说，楚军的人心越惶恐。张良也兴奋得在心中直叫：了不得，了不得，汉王刘邦真是成大事的英雄啊！

当时，霸王理屈词穷，不敢继续对话，便乱箭齐发，用箭射伤了刘邦。箭呢？射中了刘邦的胸膛，射得刘邦站立不稳，摇晃欲倒。只见刘邦趁机弯下身子，摸着脚说：“啊！真可恼！射中了我的脚指头。”这样，又安稳住了汉兵的军心。

张良把这一切都看到眼里，回到营帐内仔仔细细地想前想后。想自己的前半生、想自己今后的努力。越想，越为过去的许多作为感到莽撞、感到粗鲁、感到浅薄。想想自己．早年为韩国报国仇，雇大力士埋伏在博浪沙，用大铁锥椎击秦始皇。当时没有击中秦始皇不说，反而惹来杀身灭门之祸，遭到秦始皇举国的追杀，逼得自己东躲西藏，好几次险些儿被抓。别说没击中，就是击中了秦始皇还会怎样？也不过是再出了一个秦二世。只有像汉王刘邦这样，斩蛇起义推翻了暴政，才能使天下大治啊！再想想自己跟着老师下苦功、读兵书，功夫是下了不少、兵书也读了不少，就是在出着（招）定计上还不够沉稳，应该向汉王好好地学啊！想到了这儿，张良走出了营帐，到汉王的帅帐里探望刘邦的伤势。他进去之时，刘邦半依着身子，正疼得呲牙咧嘴、呻吟不断。张良啥语也没有多说，张口便问了一句：“大王能不能到各营帐转一圈儿？”刘邦一听，立马懂得了张良的意思，让将士们都知道自己身体安好，进一步稳定军心，便忍痛回答了一个字："走！"

刘邦忍痛探望各处营帐，引起将士们贴心敬爱，果然稳定了军心。张良心内对刘邦更加敬佩，他没有回到自己的营帐里休息，而是西出西广武城（那时，这城还不叫汉王城呢。）走到了一条大深沟的旁边。他仔细地端详着地势，打定了"埋剑"的主意。

人们只知道张良聪明，有学问、有本事，常为汉王刘邦出谋划策，刘邦很听张良的话。却不知道，张良也从刘邦那里学到很多东西，眼界、思路也随之而宽阔。打定"埋剑"的主意，说明张良整个人的智谋素养，又增高了一步。老人们都说，张良悄悄地解下他最为喜爱、最为宝贵几十年从来没有离开过自身的宝剑，"埋"在这条深沟里，明下誓愿要"斗智不斗力。"同时，他又将他训练得最好的一支人马埋伏在这条深沟里，一面养精蓄锐，一面作为一支"奇兵"，在关键的时候用到关键的地方。

所以，又有人说：这支"奇兵"，才是张良埋藏起来的宝剑。"宝剑"不亮不说，一旦出鞘亮剑，就能致霸王于死地……

讲述人：陈奎，58岁，教师，陈铺头村人。

讲述时间：1970年。

诏峪

你问诏峪这名是咋来的？哈！这里可有个让人深思的故事。汉王刘邦和楚霸王项羽对峙于汉霸二王城，一时成胶着状态，胜负难分。当时楚兵势强，全力猛攻，汉王刘邦把吃奶的劲也拿了出来，仍然是危机四伏，败象日显。不由得愁眉双锁、闷闷不乐。五十多天以前，他听从张良——张子房的建议，以两支奇兵来钳制霸王的攻势，以扭转战局。一是联合彭越，断楚兵的粮道，截楚兵的后援部队；另一是派韩信渡河，攻略赵、齐之地，开辟另一个战场，既增加自己回旋之地，又可从侧背痛击霸王。然而，计策虽然好，这两着棋，连一着也没有赶上变化。那楚霸王果然善于用兵，彭越刚一抄袭后路，即被他打得

狼狈而逃。这不，楚兵又大举挑战。自己只好深沟对垒，苦苦支撑。而韩信那边，听说他连打胜仗，可是，不知怎的迟迟到今天，还没有兵马来支援呢？正在刘邦感叹之时，忽听樊哙兴冲冲地进来禀报：“韩信将军派人秉书上奏。”

“快！快！快让他进帐见朕。”刘邦一听，高兴得眉飞色舞，急忙召唤。他心想：“我千急万盼，你这救兵终有信息了，我这儿脱围解困也指日可待了。”

那使者刚一进帐，还没有朝拜完毕，刘邦就急忙问他：“韩信将军现在兵到何处？”

使者应声答道：“韩将军已经全部攻下赵、齐之地。他写下奏本，令臣星夜前来，禀报大王。”

刘邦一听，使者答非所问，不由得望了张良一眼。那张良微微点了点头，示意刘邦看过奏本再说。刘邦满腹狐疑，接过樊哙转呈上来的奏本，看了起来。谁知，不看则可，一看一股怒火打心底突地窜起：“竖子……”

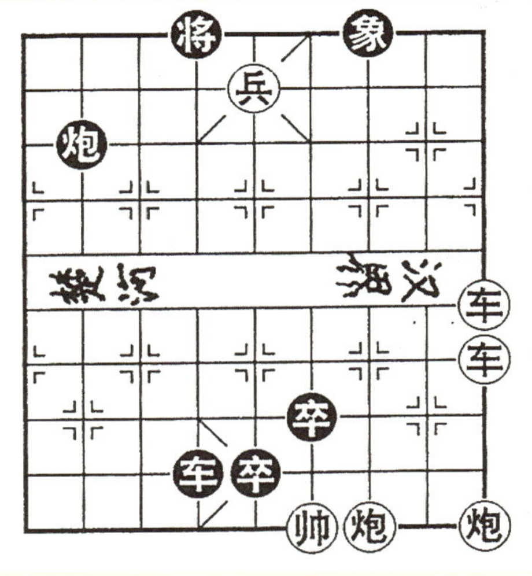

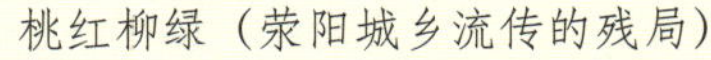
桃红柳绿（荥阳城乡流传的残局）

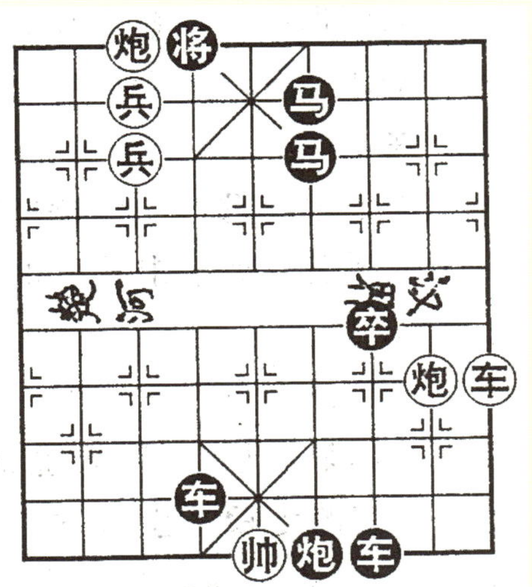

敌后救主（荥阳城乡流传的残局）

那时，张良就站在刘邦的侧近，当刘邦看奏本的同时，张良眼快，早已随着看了几句。他一见刘邦面部一肃，开口吐出了“竖子”两个字，便在案下急忙踢了刘邦一脚。那刘邦挨了一脚之后，猛地醒悟，立刻改口说了下去：

"……咳咳！竖子称便称真王，何用'假'字？"

原来，韩信的奏章上并不是说何日发兵，来解刘邦之围，而是说："齐地初定，人心惶惶不安，望封信为假齐王，以镇抚民心。"那个"假"字是个古代用字，换成现在的说法就是"代理"的意思，要求封他韩信为"代理"齐王。你想刘邦读后怎能不恼？他想骂的是："竖子可恼（竖子指的就是韩信），朕在这儿危在旦夕，你不急发救兵，却谋图升官封王。"这几句话，本来要随口说出。可是张良这一脚，把这些话给踢回到肚子里，又装到心里去了。为什么呢？因为韩信已统兵在外，且据有赵、齐之地，实际上和齐、赵之王也差不多。如若一旦产生离心，刘邦的大事去矣！此时，不仅得罪韩信不得，还需要特别加以笼络。所以，刘邦干脆就封他为齐王，比他原来要求的"假齐王（代理齐王）"更高一级。为了表示褒彰韩信的功劳。刘邦又采纳张良的建议，专门建筑了一座高坛，在高坛上庄严其事地举行仪式，下达封韩信为齐王的诏书。

于是，在广武岭一个山峪里，随着刘邦登台下诏；我国中原逐鹿之地，从此出现了一个著名的村庄——诏峪。

讲述人：陈海润，74岁，农民，读过私塾，上过高小，陈铺头村人
讲述时间：2004年

"分我一杯羹"

楚霸王统帅大军，借战胜彭越之余威，气势汹汹地要和刘 邦决战。刘邦占据西广武城，项羽便进驻东广武城，发动了一轮又一轮、一日又一日的进攻，恨不得一口水一样地把刘邦和汉家人马吞到肚子里头去。怎奈何，鸿沟天堑，一连攻击了数月，还是无法攻破西广武城，还是无法活捉刘邦，还是无法消灭汉家军队。可是，在这几个月内，霸王和汉王对峙的主战场，虽然在兵力和气势上还是霸王稍微强一点；而在侧翼和楚军的后方，却起了变化，形势一点一点地处在逆转中。首先，韩信在齐地打败了司马龙且，齐鲁大地尽归汉王的大旗下；再者，英布的人马在淮南、九江一带也打败了楚兵；更为可恨的是彭

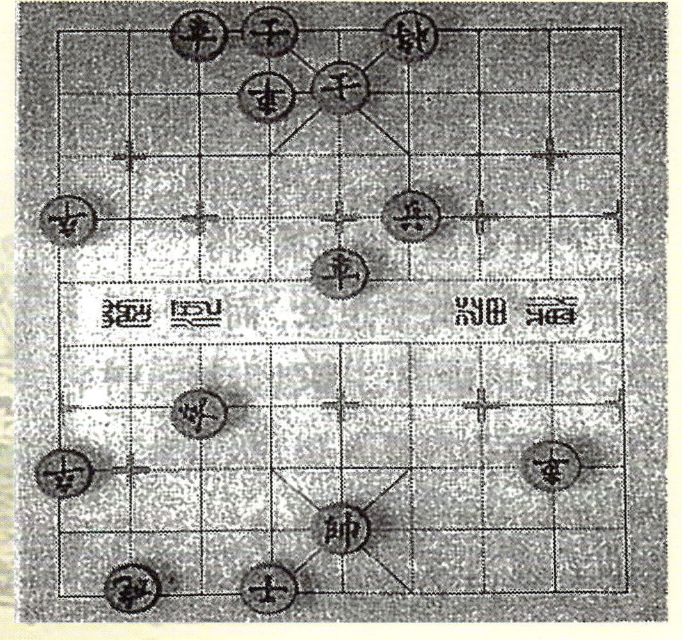

紫燕穿帘(荥阳城乡流传的残局)

越，骚扰梁、陈一带，时时阻断项羽大军的粮道，直接威胁着广武山的决战。情急之下，霸王一反“打强不欺弱”、“战场上大刀阔斧见输赢”的常态，想利用手中俘虏的人质要挟刘邦，逼刘邦投降。霸王在灵璧大胜之后的追击战中，抓住了刘邦的父亲太公、刘邦的妻子吕雉，一直搁置在军中。战京索时，没有使用；围荥阳时，没有使用；破成皋时，没有使用；那时，楚兵势盛，不屑使用，而今情急势险到了紧要关头，顾不得外人说三道四，岂可不利用刘邦的父子亲情，逼迫刘邦？于是，让兵丁在东广武城的西城头上，堆起了高高的土台；土台上，架起一口大大的铁锅；铁锅旁，堆起了一堆堆干柴；铁锅中倒了大半锅清水，且在铁锅下面点起了火。可怜的刘太公，也被绳捆索绑带到了土台上、铁锅边。

项羽即时派人去告知刘邦：“今不急下，吾烹太公”。用现在的话说，就是“你要是不马上投降，我要把你父亲太公煮了吃”。

刘邦听了，不由得心中一急。可他又寻思了一下：“自己要是投降了，父亲能保住命吗？那时，自己的人马全没有了，刀把在人家的手里，还不是想怎么处置你就怎么处置你？自己要是保存着人马、保存着力量，弄不对项羽还有所顾忌。万一……，那也没有法子，总比把命运交到人家手里好。”刘邦想到这里，定下心来，又往深处思虑，想办法：“投降是决不能投降，可怎么答复他呢？怎样答复才能说住项羽，说得响呢？”猛地里，刘邦想起了自己在起兵反秦之初，曾和项羽结拜过兄弟：“对！就这样答复他！”刘邦带着毫不在乎，且又理直气壮的口气说：“吾和项羽都受命于怀王，约为兄弟，吾翁即若翁，欲烹而翁，幸分我一杯羹，（请分给我一碗肉汤）。”

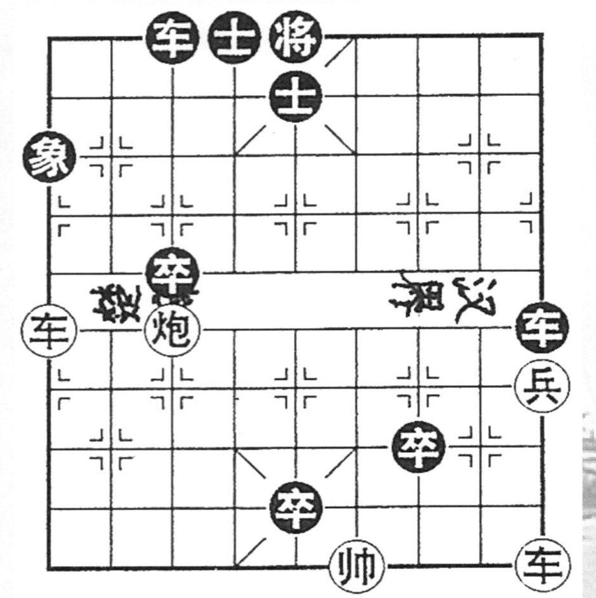

蚯蚓降龙(荥阳城乡流传的残局)

项羽听到刘邦的回话，心头怒火猛窜三丈，便下令烧大火，生煮太公，以解心头之恨。

项羽的叔父项伯看到这种情况，急忙劝阻项羽说：“打天下的人舍生忘死，什么都不管不顾了，你拿刘邦的父亲去威胁他会有什么作用呢？要是真的把太公煮了，会惹普天下的人都笑话大王，说大王的心肠太窄。留下来在我们的手里，说不定还会有想不到的用处呢？”

项王寻思了一下，觉得项伯的话确实有道理。所以，便收起太公，没有煮他。尽管没有煮太公，历史上还是留下了“分我一杯羹”，这个意味深长的故事。

讲述人：陈奎，58岁，教师，陈铺头村人

讲述时间：1970年

广武涧，二王对话

楚霸王以人质作筹码，要挟刘邦的“妙计”没有得逞，迫于越来对他越不利的形势，他又想出了一条“激将计”。他也知道，这条计策对付刘邦很难产生实效。但是，借此收到争取民心的效果，对刘邦也是个打击。于是，他又派人约汉王刘邦隔广武涧对话。从鸿门宴上分手以后，霸王和汉王还从未见过面。那时，项羽还不是霸王，刘邦也不是汉王，一个被人尊称为“项王”、一个被楚王心封为“沛公”。等到项羽自立为西楚霸王之时，才封刘邦为汉王。刘邦怕项羽找他的事，一封为汉王，便马上带领自己的人马转移到属地南郑去，还烧了栈道。这时呢？两王要会面了，项羽提出会见，必定有他的打算，若不与他会见，岂不示弱于他？同时，也不利于争取人心呀！刘邦很爽快地同意隔广武涧对话，而且也作了对话的充分准备。

一见面，项羽便大声大气地对刘邦说：“天下这么乱，杀来杀去死了这么多人，原因就是因为咱们俩个争夺天下。咱俩个争夺天下，怎忍心连累这么多人，使老百姓受害。与其这样，还不如咱俩个单打独斗。谁胜，谁得天下；谁败，谁就让出。”

刘邦一听，马上笑着回答：“我宁可斗智，不能斗力。”说到这儿，为了争取民心，便进一步发表宣言，揭露霸王的十大罪状。刘邦说：“你项羽是满身罪恶的人，对你只能让有罪的囚徒来杀你，我怎能和你这样的人单打独斗？”

霸王听了大怒，令埋伏在近旁的伏弩乱射刘邦。刘邦没有料到项羽还有这一手，不幸被射中前胸，打了一个趔趄。刘邦当时很清醒，怕自己负伤会影响士气，连忙趁着身子歪斜而弯下了腰，手摸着脚说：“虏中吾指”。刘邦在众人的掩护搀扶下，迅速离开前沿，回到中军帐中。

张良也马上跟了进来，看望刘邦的伤势，刘邦伤痛难忍，呻吟不已。张良劝刘邦说：“大王还得忍着痛，到各个营帐走一走，使大家都知道大王的伤势不要紧，以稳定军心。”

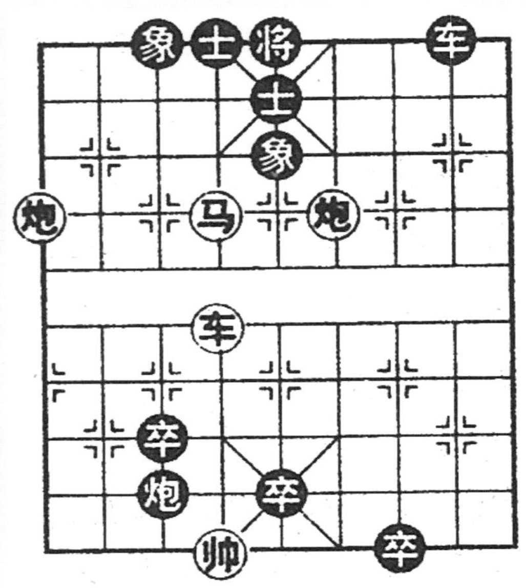

星坠日升(荥阳城乡流传的残局)

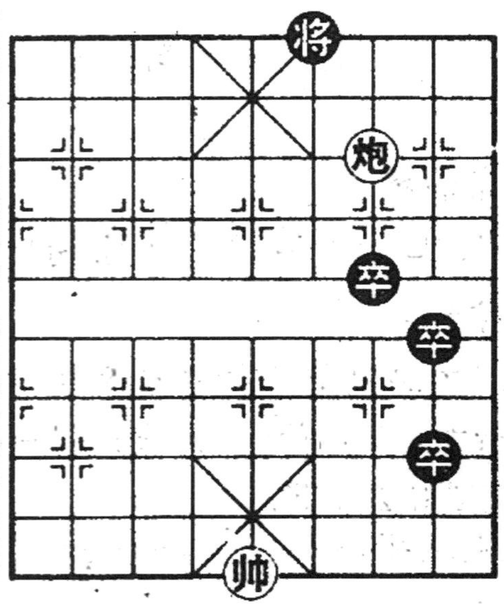

三教皈一(荥阳城乡流传的残局)

刘邦听了，忍痛说："好！好！就这样办。"他马上和张良一起察看了各个营帐。士兵们见汉王带伤还来看望自己，莫不高呼"万岁！"

讲述人：梁天贵，62岁，退休工人，幼读私塾
讲述时间：1968年

飞龙顶

很多、很多年以前，秦二世暴虐无道，陈胜、吴广揭竿而起，各路诸侯纷纷反秦。打到最后，刘邦与项羽争王，两军隔鸿沟对垒于东、西广武城。一日，霸王叫阵，汉王隔鸿沟历数项羽十大罪状，不幸为伏弩射中。那箭头深入左胸，汉王痛昏欲倒。可他怕涣散军心，借痛得趔趄弯腰之机，摸着脚高声大骂："狗贼，竟敢射中我的脚。"

军心，当时是稳定住了，但是他左胸的伤，却不是一两句谎言就能治好的。无可奈何，汉王只好让张良暂且在前线指挥作战，自己转移到后方养伤。

当时的形势很严峻、很吃紧，就是养伤也不允许离前线太远了。于是，刘邦便以巡视粮道、褒奖运粮人夫的名义，住到设在一溜“铺头”的粮站上。

一个多月后，汉王的伤势快好利索了，他本是个好动的人，这一个多月的静养，实在把他憋闷得不行。恰恰一天的夜半，月光极好，景色迷人，便悄悄地走出门来，沿着土坎缓坡，信步而上。几个卫士挡又挡不住他，只好随同着他一块儿赏月。

他们不知道，汉王虽说是信步赏月，其实心中还操劳着国家大事。主战场东、西广武城的对峙，有张良在那儿指挥，他一百个、一千个地放心。他忧心忡忡的是河北、山东，是韩信那一支人马的作战情况。他走上山头，向北遥望：黄河滔滔，气象万千。他既担心韩信的仗打不胜，又担心韩信的仗打胜了。韩信打不胜呢？楚兵声势大张，必波及影响主战场，甚至会使整个形势恶化。韩信打胜了呢？会不会对自己产生离心？变成了另一个对手？正在他思虑万端、心神不宁之时，忽然从夜风的飒飒声中，传来极细微而又杂乱的脚步声。卫士一抬头，望见山脚有一溜灰绰绰的身影正沿着沟坎移动。

“谁？”卫士低喝了一声。

可那一溜身影，不仅不答话，反而加快了步子，“嗖嗖嗖嗖”地摸了上来。月光照射到灰影中的刀剑上，闪烁出几丝晃荡的寒光，让人骇然心慌。刘邦和身边的两个卫士都不由得猛地一愣。

本来，刘邦和卫士都以为这儿是汉军重兵守护的粮道兵铺，早些时候虽受到过小股楚兵的骚扰，均被外线汉兵打

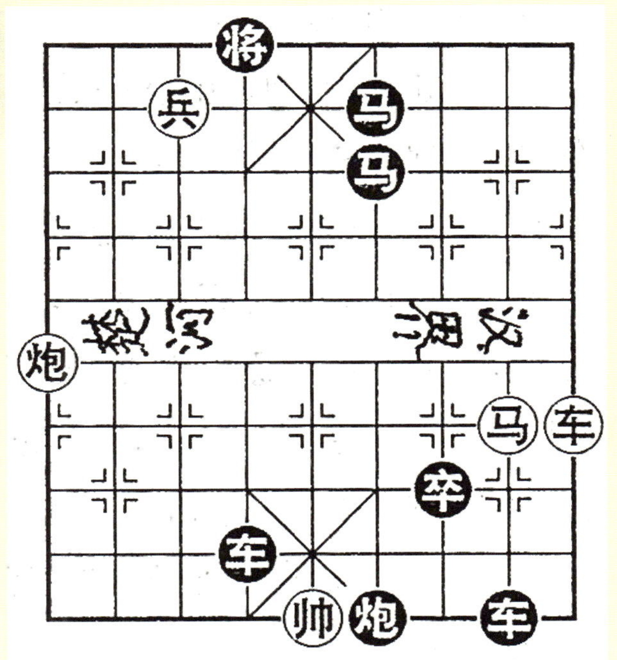

骐骥一跃(荥阳城乡流传的残局)

得落花流水、片甲不回，应该是最安全的地方，未免有些托大。致使在兵铺附近散心，也没让卫队跟随。偏偏在这夜深人静、孤身野外的时候，遇到这种异常凶险的情况，怎能不吓出一身冷汗？

到底汉王身经百战，磨炼出遇险自保的本能，刹那间便醒悟过来。他连忙抽身，沿着山坳的黑影向后移动。卫士呢？也一面吆喝报警，一面掩护汉王悄不言声地转移远逃。

你说这一伙人是那里来的？原来，楚霸王项羽与汉王隔鸿沟对垒旷日持久，自己的粮道被彭越多次骚扰切断，而汉王刘邦依靠广武山沟壑之险、近敖仓且有甬道之利，粮草军械供应源源不绝，眼看自己经不起拖，拖下去非败不可，便采纳了谋士之言，派遣一支由武艺高强的精壮校尉所组成的奔袭队，绕一个大圈儿，避开正面，从侧方突袭，以求焚烧摧毁汉军的兵铺粮站。谁知无巧不巧，恰恰碰见了深夜散心孤处野外的汉王刘邦。这伙人见惊动了守军，也就不再隐蔽行迹，便呐喊着冲杀上来。他们见一人慌忙逃跑，两人拼命卫护，便知逃跑的那个人定是一个重要人物，所以一声呼哨，全力扑向那个人。只见他们分出五六个人，去对付那两个卫士；余下三四十人一块儿向远逃的那个人追去。

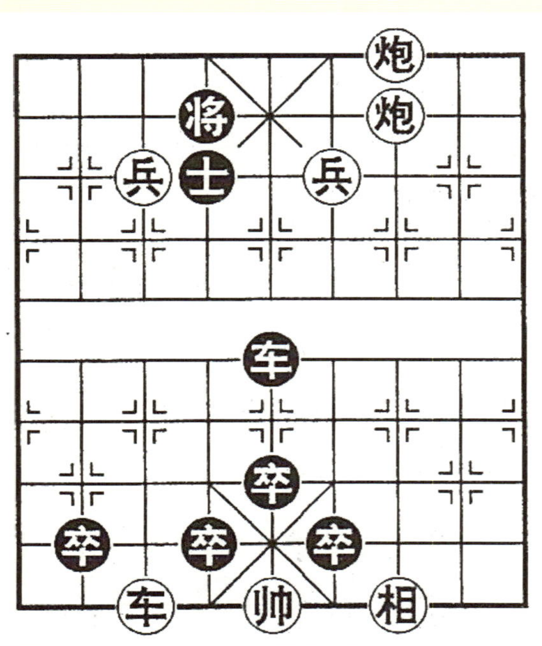

捞月背剑(荥阳城乡流传的残局)

你说巧不巧？当他们越追越近的时候，那个人偏偏在明晃晃的月亮底下勾回头看了看。这一看，可真叫露脸。那三四十个人里，恰恰有一个校尉参加过鸿门宴，认得汉王刘邦。这一露脸，让他认了一个准。立马大喜过望地对部属们说："前面那个人是汉王刘邦，逮住了他，封万户

侯、立万世之奇功，快追、快追啊！”

部属们一听，勇气高涨百倍，人人争先，登坎越沟，向刘邦杀去。

刘邦呢？慌不择路，遇坎绕坎、遇坡爬坡，也顾不得荆棘绊脚、葛针扎脸，哪儿陡往哪儿上，哪儿险往哪儿爬。到底他的伤势没有好利索，跑了一个小山头便气喘吁吁、两条腿沉重得不听使唤了。眼看追兵越来越近，离身边只剩十几步，真个是叫天天不应，叫地地不灵。自己的人马虽然已经发觉敌人的突袭，并且潮水般地围了上来，但它“远水解不了近渴”，不等自己的兵马赶到，只怕自己早已成了敌人的俘虏，或者化成了刀剑下的肉泥。

就在这叫天天不应的危急关头，突然听到“咴咴咴咴”一声长嘶。谁也想象不到，从斜刺里闪出一匹火红色的骏马。那马扬鬃奋蹄，连蹦带跃，风也似的飞快，从三四十名追兵的缝隙中，连着闪了几闪，闪到了汉王刘邦的身边。说怪也真是怪，那么快的骏影，偏偏在经过刘邦身边时慢了一慢。刘邦一见大喜，陡地又凭空长了精神、来了股猛力。只见他顾不得伤痛和疲累，立刻跨步侧身、抓鬃纵起、翻腾而上，和飞驰的骏马连成了一体。那马奋然急冲，从刀从枪林中向一个更高的峰顶奔去。

楚兵的校尉一见此情境，心中又气恼又暗暗欢喜。他气恼，凭空跑来一匹火龙驹救走了汉王；他暗暗欢喜，汉王单人独马跑上了一座孤峰，终究是自己的囊中之物；便指挥着手下的众武士，置一切于不顾，通力向汉王逃逸的孤峰攀登，定要抓住刘邦。

刘邦呢？拍马急逃，等他逃到峰巅之后，一颗惊喜庆幸之心又凉了半截。孤峰无路，陡壁如削，身后唯一通道上追兵的人影幢幢，围了上来。汉王一急，便愤然大呼：“火龙驹，既然救我，何必误我！”

说来也怪，就在楚兵众多武士纷纷踏上峰顶、刘邦的呼声将落未落之时，那火龙驹后退了几步，又猛然“咴咴”一声长嘶，纵身向前冲跃而起……

碧色的月光下，苍莽的群峰上，划过了一道赭红色的弧影。这道赭红色的弧影，消逝在另一座稍低一些的峰顶，它既是瞬间，也是永恒。火龙驹“踏踏踏”奔下山的蹄声，引起了好一阵山响谷应的欢呼：汉王脱险得救了。

从此，这个高高的无名山头，得到了一个名字：飞龙顶。

讲述人：赵佑甫，72岁，女，教师，陈铺头村人

讲述时间：1980年

“穷寇必追”

在楚霸王和汉王相约以鸿沟为界，中分天下之后，于汉高祖四年九月，刘邦的父亲刘太公、继母以及妻子吕雉被项羽释放，回到了刘邦的身边。当时，项羽已如约东退，刘邦的面前便摆出了两种选择；一是，如约返回关中，坐享王位；一是，不给项羽喘气的机会，趁项羽军中粮食不继、四面反楚声浪高涨之时，挥师东进，与项羽决战，好将项羽的人马彻底歼灭。

刘太公饱受阶下囚之苦，心中对战争胜负变化怕怕的。何况，又和人家定了约定，人家还如约将自己送了回来。刘邦在这样的情况下背约东进去打人家，肯定会丧失信义的，便力主撤兵。但是一代霸王仓皇东返，如此受窘，这可是千载难遇的消灭他的机会啊？

刘邦踌躇着拿不定主意。后来，经不住父亲再三地劝说，和吕后的央告，便顺从了下来，心想：“回关中就回关中吧！也该喘口气，歇歇了。以后的事，以后再说吧！”

张良一听说刘邦准备回关中，不由得焦虑万分，马上叫来陈平，和陈平一块儿晋见刘邦。他见了刘邦，二话不说，劈头就问：“大王，你觉得在打仗上比起霸王如何？”

刘邦一怔，根本不用思考，随口回答说：“我不行啊？差的多呀！这还用问？”

张良又问：“是啊！好几次大王都是差一点就被霸王捉到。只能说大王运气好，老天爷帮了大王的忙。难道大王总要尝那失败无望邀天之幸的滋味吗？楚汉不两立，这是连小孩都知道的事实，你不趁着霸王失势的时候消灭他，难道想等他回去，备足粮草，整好军旅，再来收拾大王吗？”

刘邦说：“我也知道，现在围攻霸王是一个绝好的时机。可，咱刚和人家约定好，以鸿沟为界呀！”

陈平立马插言说：“大王何必让‘小信’缠住手脚呢？全国老百姓都渴

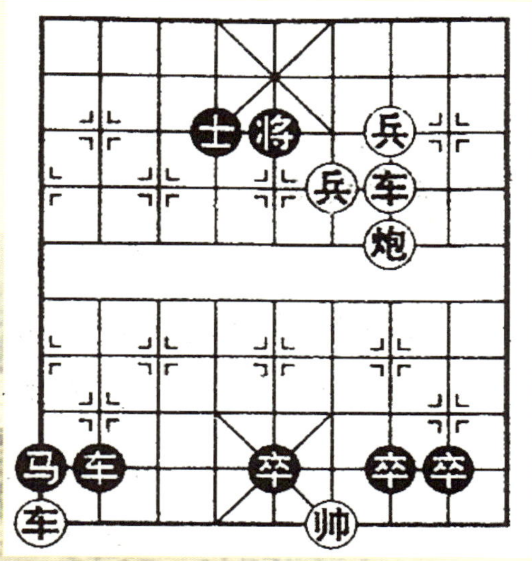

流星赶月(荥阳城乡流传的残局)

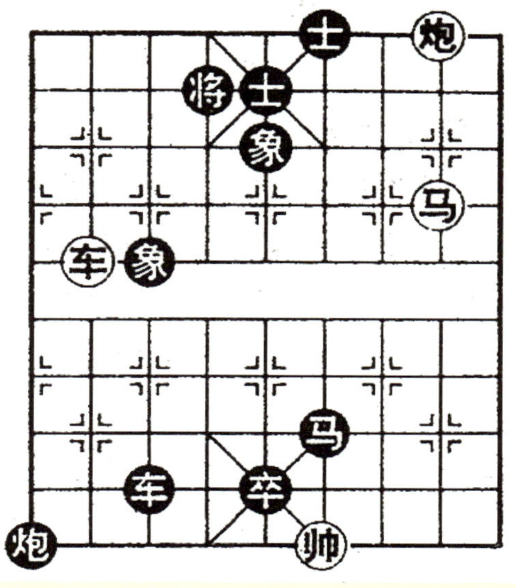

长鲸授首(荥阳城乡流传的残局)

望太平，都怨恨楚霸王残暴不仁，都盼望彻底消灭掉这支到处屠城、到处烧杀的军队，如果大王你不顺应民心天意，不取信于民，那可是失‘大信’于万民啊！”

张良又进一步说：“大王以为关中就很保险吗？关中就能保住汉家享有太平、享有荣华富贵吗？霸王可是领着人马威风凛凛地打进过关中啊！逃出鸿门宴的滋味虽然不好受，可霸王再也不会给我们第二回了……”

一提起鸿门宴，刘邦马上想起了自己窘迫而提心吊胆的日子。是啊！只有彻底打败霸王，才能享有安宁的日子。不然，这一切都是空的。

陈平也深一步说：“大王，别因为霸王放回了太公，便不忍追杀他。这是‘妇人之仁’，这要误大事。”

刘邦越听，越觉得张良、陈平两个人说的对。要是穷寇不追，等他反过来手，那可真了不得。想到这儿，决心一定，力排干扰，拔出宝剑说：“天将两位先生赐予我，我如不听从先生的意见，必定会受到上天的处罚。为 了体现天意，立即向东追歼项羽……”

讲述人：陈奎，58岁，教师，陈铺头村人。

讲述时间：1970年

说明：

楚汉逐鹿之传说多种多样，难以一一详记。与它们同时流传于荥阳城乡的象棋残局，更难以枚举。附于传说之侧的残局，皆有所宗，不外乎江湖残局、古谱秘本（即使有荥阳棋人的发挥创新，也在大体上吻合。）它们的看法，对世人保持着一层神秘的面纱，就让它们继续在隐约中吸引棋迷。有心追根问底的求索者，可向《江湖棋局搜秘》、《中国象棋古排局集成》等书中感受。

第五章

象棋诗词·歌谣

象棋是人类智慧的结晶，是中华民族贡献于人类社会的瑰宝。象棋益神润思、蕴含哲理，融文化、科学、艺术、竞技为一体，启迪辩证思维，陶冶变易认知，倍受广大民众的喜爱。象棋活动参与人数之多、流传地域之广、浸透社会各阶层之深，以及精神内涵的博大深厚，皆令其他文化活动难以望其项背。可以说，人无论男女老少，地无论城乡厅幽，在在为其魅力所感染、所陶冶，人们尊之为国粹瑰宝，实乃当之无愧。

其神韵广纳而丰厚，其风采光昌而流丽，其文化策源于广武山楚汉相峙，广武山深邃的诗篇所充盈的意识形态，早已成为象棋文化精辟的意蕴。而由此更灿烂出独具特色的棋韵，以耐人寻味的哲理，光烛红尘。

棋韵，得之于棋趣的深处，复升华于棋外。

一、关于楚汉之战的诗词

登广武山古城场怀古

唐•李白

秦鹿奔野草，逐之若飞蓬。项王气盖世，紫电明双瞳。
呼吸八千人，横行起江东。赤精斩白帝，叱咤入关中。
两龙不并跃，五纬与天同。楚灭无英图，汉兴有成功。
按剑清八极，归酣歌大风。伊昔临广武，连兵决雌雄。
分我一杯羹，太皇乃汝翁。战争有古迹，壁垒颓层穹。
猛虎吟洞壑，饥鹰鸣秋空。翔云列晓阵，杀气赫长虹。
拨乱属豪圣，俗儒安可通。沉湎呼竖子，狂言非至公。
抚掌黄河曲，嗤嗤阮嗣宗。

鸿沟有感

唐•韩愈

龙疲虎困割川原，亿万苍生性命存。
谁劝君王回马首，真成一掷赌乾坤。

鸿沟有感

唐•许浑

相持未定各为君，秦政山河此地分。
力尽乌江千载后，古沟芳芦起寒云。

广武山

唐•胡曾

数罪楚师应夺气，底须多论破深艰。
仓皇斗智成何语？遗笑当时广武山。

战马嘶鸣（霸王城西城墙乌骓马铁塑）

过鸿沟

宋•吕蒙正

沟中流水已成尘，沟畔荒凉起暮云。大抵华夷须一统，可能天地更平分。
烟横绿野山空在，树倚高原日渐熏。方凭征鞍思往事，数声风笛马前闻。

鸿沟怀楚

宋•王禹偁

侯生缓颊太公归，项籍何曾会战机？只见鸿沟分中界，不知垓下有重围。
危桥带雨无人过，败叶随风傍马飞。半日垂鞭念往事，露莎霜树映斜晖。

武山怀古

宋•刘景文

楚汉兵相接，乾坤昼亦冥。虎争千里震，龙战四郊腥。
故垒从谁问？严祠自昔灵。北风吹败木，落叶任飘零。

牛口峪

楚汉战处同钦叔赋

金•元好问

虎掷龙拿不两存，当年曾此赌乾坤。一时豪杰皆行阵，万古河山自壁门。原野犹应厌膏血，风云长遣动心魂。成名竖子知谁谓，拟唤狂生与细论。

广武怀古

元•杨浚

河水城下流，登城望弥惬。海云飞不断，岸草绿相接。
龙门无旧场，武牢有遗堞。扼喉兵易守，扪指计何捷。
天夺项氏谋，卒成汉家业。乡山遥可见，西顾泪盈睫。

过鸿沟次吕文穆韵

明•曹琏

王霸兴亡几劫尘，鸿沟依旧掩寒云。不将帝业追三代，只把山河割半分。故垒已随流水圮，荒城空余夕阳曛。西风立马频回首，那忍昏鸦隔崖闻？

眺广武山（一）

明•谢原功

青山钧带连敖鄗？想像仓中粟米盈。汴水尚通高帝甬，河澜空激霸王城。万年南北横天险，今日封疆属帝京。海内英雄都驾驭，不教竖子得成名。

河阴怀古

明•薛瑄

萧萧凉风动秋空，千古山河一望中。广武连营衰草碧，鸿沟分界夕阳红。

石麟有甲含苍藓，铁马无声散晚风。何限英雄皆泯灭，白云依旧出层峰。

经广武城

明•周廷用

广武城边草树青，浊河波浪昼冥冥。天呼垓下真龙起，事异鸿沟白马刑。日晚沙场留返照，秋风磷火乱残星，英雄自古功无敌，阮籍狂言未可听。

鸿　沟

清•张朗生

衰草澹烟两岸秋，将军战马付东流。空余楚汉当时月，照破鸿沟万古愁。

咏广武山（满江红）

清•陈维崧

汜水敖仓，是楚汉提戈边界。想昔日，名妓骏马，英雄梗概。荥泽波痕寒叠雪，成皋山色愁凝黛。叹从来，竖子易成名，今安在?

俎上肉，何无赖，鸿门斗，真难耐。箕野花断鏃，几更年代。秦鹿讵为刘季死，楚猴甘受周苛卖。笑纷纷，青史论都讹，因成败。

满江红•成皋怀古

清•许勉燉

频过荥阳，猛记得争雄汉楚。风吼处，血流京索，尘昏广武。纪信诳乘黄屋至，范增怒逐青山去。置军中分我一杯羹，谁无父?

粮道绝；敖仓腐。游士说；鸿沟住。叹江东子弟阴陵失路。盖世魂消骓也逝，拔山力尽虞兮舞。正徘徊废垒故城边，乌棲树。

说明：

荥阳历代咏广武山楚汉逐鹿的诗篇，早已随着象棋文化的传播，化为象棋的灵魂，在城乡代代吟诵。那音韵的低昂、那脉搏的鼓动，无不充盈着“九五之争”的精义。

二、关于象棋的诗词

楚辞•招魂（摘录）

楚•屈原

琨蔽象棋，有六博些。
分曹并进，遒相迫些。
成枭而牟，呼五白些。
……
……

简释：这是战国时期伟大的诗人屈原（约340—前278）为楚怀王招魂而写的诗。诗中描写了当时象棋棋子和棋盘的概略情况，以及玩象棋搞娱乐的场面。这一首诗，是中国文史中最早提到“象棋”的重要史料。

秋兴（八首之四）

唐•杜甫

闻道长安似弈棋，百年世事不胜悲。
王侯宅第皆新主，文武衣冠异昔时。
直北关山金鼓振，征西车马羽书驰。
鱼龙寂寞秋江冷，故国平居有所思。

简释：这是唐代伟大的诗人杜甫（712—770）以弈棋来描写社会生活的诗。“直北关山金鼓振，征西车马羽书驰”具体地以棋局中搏斗的乱象来形象地反映当时的社会。当时的都城“长安似弈棋”啊！

江 村

唐•杜甫

清江一曲抱村流，长夏江村事事幽。自来自去梁上燕，相亲相近水中鸥。
老妻画纸为棋局，稚子敲针作钓钩。多病所须唯药物，微躯此外何所求？

简释：这是一首反映棋事活动已在唐代融入普通百姓日常生活的诗。我们注意到诗中的描写：（1）是“棋局”而不是随随便便的“棋”；（2）在纸上画几道便画成棋盘，一定不是复杂的“棋”；（3）老妇人也懂得玩。所以，诗里的棋局以象棋的可能性为最大。

和春深二十首

唐•白居易

何处春深好，春深博弈家。一先争破眼，六聚斗成花。
鼓应投壶马，兵冲象戏车。弹棋局上事，最妙是长斜。

赠 棋 者

宋•范仲淹

何处逢神仙？传此棋上旨。静持生杀权，密照安危理。
接胜如云舒，御敌如山止。突围秦师震，诸侯皆披靡。
入险汉将危，奇兵翻背水。势应不可隳，关河常表里。
南轩春日长，国手相得喜。泰山不礙目，疾雷不经耳。

一子贵千金，一路重千里。精思入于神，变化胡能拟？

成败系之人，吾当著棋史。

简释：北宋是象棋发展演进定型的重要时期，范仲淹（889—1052）的《赠棋者》又是最早反映象棋以楚汉逐鹿为文化内涵的诗。所以，这首诗在象棋发展史上意义重大。“突围秦师震，诸侯皆披靡”，写的是项羽大破秦师，诸侯咸服的故事；“入险汉将危，奇兵翻背水”，更直描写了汉军入广武山隔鸿沟固守，以及废除“鸿沟为界，中分天下”的约定，奇兵翻过鸿沟追歼楚兵的史实。

集古·楚河汉界行

咫尺楸枰计虑深
汉将旌旗逼楚城
千古河山同此局
一着成功见太平

季本涯 二〇〇五年十一月 荥阳

象　戏

宋•程颢

大都博弈皆戏剧，象戏翻能学用兵。车马尚存周战法，偏裨兼备汉官名。

中军八面将军重，河外尖斜步卒轻。却凭纹楸聊自笑，雄如刘项亦闲争。

简释：这首诗描写象戏，描写的更为详细，作者程颢（1032——1085）在指出“雄如刘项亦闲争”的同时，描写了棋子的名目，以及行棋规矩的来源：“车马尚存周战法，偏裨兼备汉官名”。甚至连“将军”的摆法、“小卒”的走法，都一一描写，为象棋在北宋初年的一种形态，留下具体而翔实的史料。

临江仙

宋•蔡伸

帘幕深深清昼永，玉人不耐春寒。镂牙棋子缕金圆。象盘雅戏，对小窗前。隔打直行尖曲路，教人费尽机关。局中胜负定谁偏？饶伊使幸，毕竟我赢先。

简释：蔡伸（1088—1156）这首小词，描写了士大夫贵族玩象棋的景象。重要的是，描写了某几种棋子的走法：“隔打”、“直行”、“尖曲”，留下了可贵的古代象棋的资料。

咏画中围棋

宋•郑谟

二士终朝默运筹，纷纷兵卒度鸿沟。

看来车马般般备，只欠田单一火牛。

简释：诗的题目说的是围棋，实际写的是象棋，“纷纷兵卒度鸿沟”，自然是象棋游戏的景象。看来，古人也是以围棋称呼象棋的，不像今天，棋类的名称分的这么专用。

过闾局河四首（之二）

元•耶律楚材

北方凛冽古来称，亲见阴山冻鼠冰。战斗檐楹翻铁马，穷通局势变金鹏。
五车经史都无用，一鹗书章谁可凭？安得冲天畅予志，云舆六驭信天乘。

简释：耶律楚材（1190—1244），字晋卿，号湛然居士，契丹人。金章宗时任开州同知，后归元。作为史料，这首诗是象棋发展史中相当重要的文字实证。因为诗中“穷通局势变金鹏”一句，证明了古代一部非常重要的象棋谱《金鹏十八变》产生于宋代。

沉醉东风（咏象棋）

元•无名氏

两小里排开阵角，小军卒守定战壕。他那里战马攻，俺架起襄阳炮。有士相往来虚嚣。定策安机紧守着，生把个将军困倒。

简释：这首小词在象棋发展史中，也有相当重要的价值。（1）它最早把象棋写成“相棋”，表明“相”已加入象棋棋子的行列；（2）它的内文提到了“襄阳炮”这一史料，说明攻打襄阳用火炮这一历史实战战况，引入了象棋游戏。这样一来，象棋原来的炮是石旁的砲，也就顺理成章地改为火旁的炮了。

棋

明•曾启

两军对敌立双营，坐运神机决死生。千里封疆驰铁马，一川波浪动金兵。
虞姬歌舞悲垓下，汉将旌旗逼楚城。兴尽计穷征罢战，松阴花影满残枰。

简释：这是明初大臣曾启（1372—1432）应太子朱高炽之命写的一首诗，这首诗，很得后人的赞许，认为是古人咏象棋的代表作。

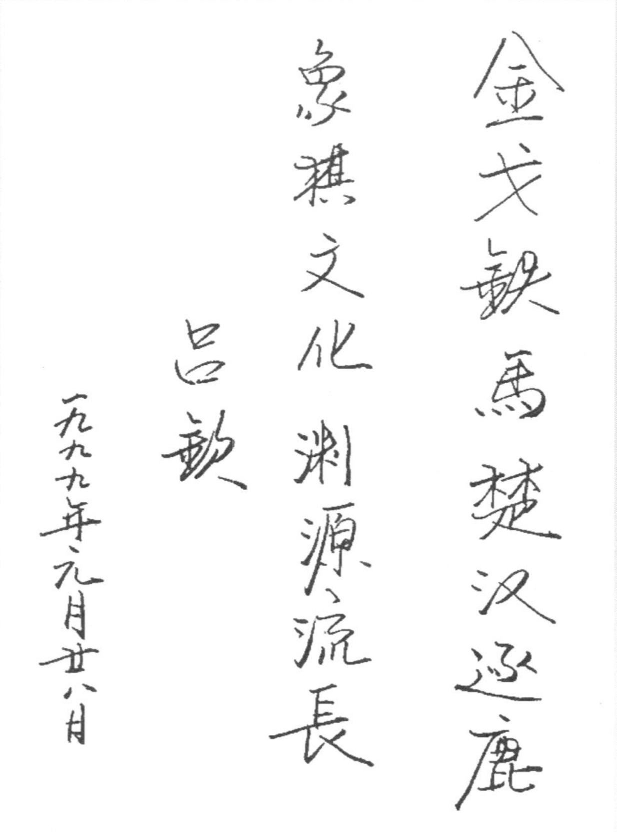

金戈鉄馬 楚汉逐鹿
象棋文化 渊源流長
吕欽
一九九九年九月廿八日

吕钦题字（中国象棋特级大师）

咏 棋

明•毛德温

两国争雄动战争，不劳金鼓便兴兵。马行二步鸿沟渡，将守三宫细柳营。
摆阵出车当要路，隔河飞炮破重城。幄帷士相多机变，一卒功成见太平。

简释：毛德温诗，从文学的角度来看，毫无可取，但就象棋来说，它具体的描绘了行棋的棋步，让人较为生动地感受到当时的弈棋状况。

桂枝儿•象棋

明•冯梦龙

闷来时，取过象棋来下。要你做士象，得力当家。小卒向前行，休说回头话。须学车行直，莫似马行斜。若有他人阻隔了我恩情也，我就炮儿般一会子打。

简释：冯梦龙记述象棋融入社会生活，融入人们的感情世界，它的陶情冶性的潜移默化作用已呼吸可见。这首小令，以象棋抒发男女情感，既别致新颖，也可看出融入社会方方面面的浓度、深度。

看象棋赠赵介山（二首选一）

清•叶燕

居然楚汉划鸿沟，车马纵横杀气浮。到底士人能报国，从来兵法不回头。
通盘打算无成例，一著争先得上游。勿谓当场容易惑，奇功亦在棋中收。

说明：历代关于象弈的诗词，在象棋文化发展史上，都占有重要的、或一定的地位，在全国象坛、当然也在荥阳城乡广为流传。

三、象棋谣

象棋谣

有棋子，有棋盘，学会棋规才能玩。
学棋规，须仔细，违犯棋规要输棋。

黑红对峙谣

大家学象棋，学棋真有趣。
盘中一道河，黑红两边立。

象棋棋盘编码谣

竖九横五河界分，黑红编码要记真。
黑用小写红大写，从右往左为标准。

象棋棋子谣

棋子分七种，个个有本领。
仕相马车炮，再加帅和兵。

象棋摆子谣

棋子每边十六个，个个位置要摆准。
兵卒离“河”一步远，一九三七五均匀。
双炮二八卒后立，士象马车依次分。
一排九子列底线，将帅中间独称尊。

象棋行子口诀谣

士走口，象走田，马走日字踏八面；
车纵横，炮翻山，小卒步步走向前；
九宫里，住老将，左右上下能动弹。

象棋特殊规则谣

基本走法弄清楚，特殊规则要记住。
马逢蹩腿不能走，象遇塞眼断通路；
小卒过河方能横，车怕联防拦路虎。
将帅不能两见面，炮可横竖作防护。

对弈谣

下棋是对弈，轮换来走棋。
该你你得走，连走不允许。
摸子必须走，悔棋最犯忌。
摸错“人家”子，赔本别惋惜。
还有一规定，不许“杀”自己。

棋规记心窝谣

象棋规则多，规则记心窝。
不许长叫“将”；不许长去捉；
只有“将”与“卒”，长捉尚许可。

长拦与长跟，着法都不错；

长献与长兑，妙着合规则。

广武策源象棋文化谣

楚与汉，争天下，东西广武把营扎。

中间隔着一条河，鸿沟大名传华夏。

楚黑汉红相对峙，中分河山兵交加。

演进历史作游戏，广武策源棋文化。

说明：荥阳市大力实施“象棋进入学校”，大力组织文化工作者编写《象棋•乡土教材》，编写了小学课本10册。考虑到儿童学习的特性，以儿歌的形式诵记象棋的基本知识。实施后，取得了良好的效果，其内容形成了民间传播的童谣。

四、现代吟咏象棋的诗词

誉象棋文化策源地

陈　玮

九九年元月十九日至二十八日，先后陪同中国棋院院长陈祖德先生和四十多位象棋特级大师、象棋大师，登广武山楚汉逐鹿古战场，凭临鸿沟，畅谈象棋文化之渊源，诸贤慷慨之情溢于言表，遂赋诗以献。

广武山头云飞扬，黑红对峙谱华章。

楚河中分分天下，汉界四扩扩封疆。

神机巧运智拼勇，凯歌高奏兵擒王。

躬临鸿沟思奇士，心随大风慨而慷。

中国象棋文化论坛

韩　宽

中分天下赖鸿沟，国粹渊源两千秋。
象由心理著著妙，棋如世事局局悠。
文彩云行贯今古，化雨春风赋橘柳。
论弘人生慷慨史，坛前几人可封侯？

简释：韩宽先生参加首届中国象棋文化节中国象棋文化论坛，并率先宣读论文，且认为象棋文化论坛对象棋文化的研究起到极为重要的推动作用。即席乘兴赋此藏头诗，表示祝贺。

棋趣闲赋三首

刘明远

其一

中分天下古鸿沟，龙骧虎奔决项刘。
崇炎汉炽迎日赤，继秦楚旌拂海黝。
韩信驱车疆场驰，范增携士帷幄谋。
九五棋局深难测，恰似此景作由头。

其二

巍峨西岳奇峰连，松亭石坪生云烟。
气盛心高赵太祖，逍遥自在老陈抟。
只重弈局轻战局，不贪江山索华山。
棋盘工巧后人凿，何如鸿沟史所然。

其三

一马保五卒，平安过河去。
盛赞韩信巧，嗤笑刘邦曲。

强者露锋芒，弱者伏杀机。
淮阴终临祸，相传缘象棋。

棋　源

杨国干

广武山上荡杀声，龙争虎斗决雌雄。
对峙鸿沟千丈涧，中分天下万代盟。
演绎原本弹棋戏，宇文妙改制《象经》。
唐仿宋定版画路，楚河汉界楸枰中。

棋道（两首）

赵西岳

一

楚河汉界分阵营，　两军对垒起杀声。
进退帷幄为谋势，　攻守玄机巧用兵。
“九五”纵横通广宇，将相出入道天成。
人生世事皆如棋，　拼搏奋进铸成功。

二

两军对垒起苍黄，　楚河汉界摆战场。
千乘战车雷震震，　万马奔跃日茫茫。
炮火远攻山无碍，　兵卒背水为国殇。
将帅总为成败论，　世事如烟棋道扬。

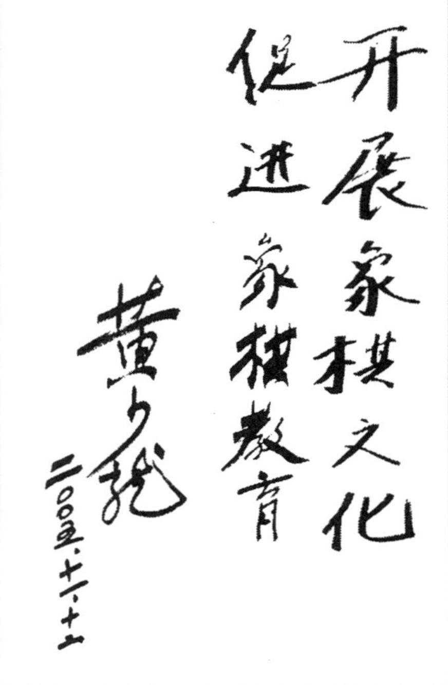

开展象棋文化
促进象棋教育
黄少龙
二〇〇五·十一·十二

黄少龙题字（中国象棋大师，南开大学教授，中国象棋电脑研究组的主持人）

登广武古战场咏象棋

——赠甘肃棋院院长韩宽

陈　玮

楚汉争战地，黑红用兵忙。鸿沟中分后，棋道久传扬。
入神炼智慧，行世见坦荡。时局紧要处，仰天笑霸王。

破阵子•象棋

邢华昶

楚汉鸿沟对峙，谁人移上棋盘？
巧染黑红分壁垒，且化干戈赋雄关，
世传千百年。

炮马卒车将相，俱听妙手调遣。
待临九宫尴尬处，胜败得失瞬息间。
笑声荡九天。

对　弈

张本善

楚河汉界似天堑，走车跳马心胆悬。
刘项何来赌乾坤？“九五”失势误江山。

棋之源

张本善

秦失其鹿争战忙，演绎成棋费思量。
楚汉中分鸿沟界，黑红对垒理念长。

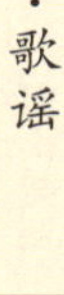

游鸿沟吟象棋

张长宽

鸿沟中分入丹青，相峙刘项西东兵。
故垒萧萧凭谁问？人间对弈乐无穷。

棋　品

旭　羽

士象车马炮，将卒逞英豪。九五列棋盘，三二把兵操。
攻守含巧步，进退出妙招。奉献顾大局，品高艺亦高。

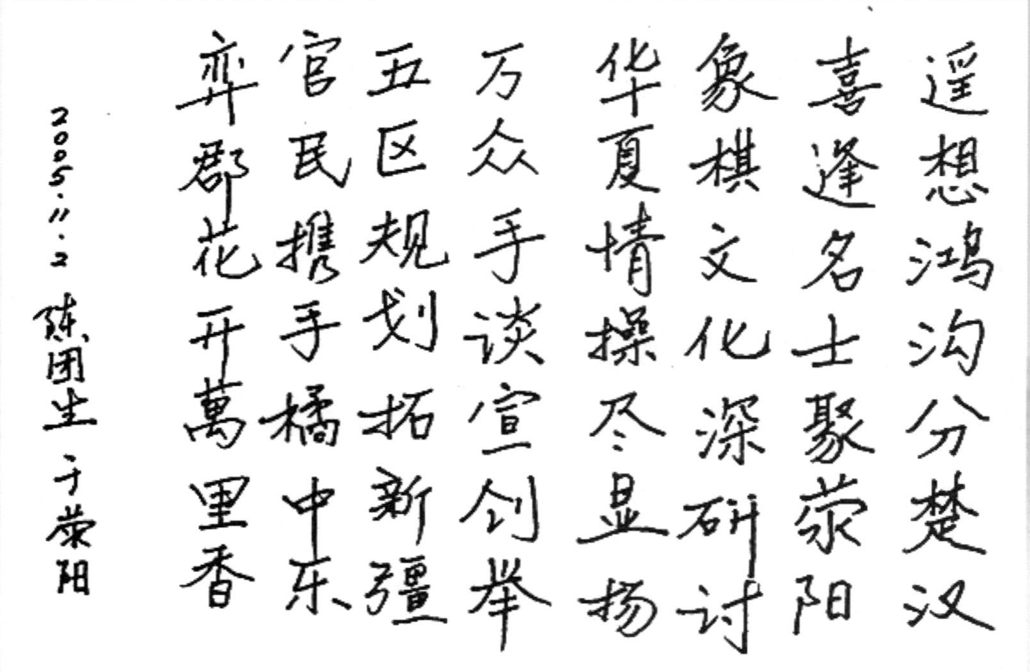

遥想鸿沟分楚汉
喜逢名士聚荥阳
象棋文化深研讨
华夏情操尽显扬
万众手谈宣创举
五区规划拓新疆
官民携手桥中东
弈郡花开萬里香

2005.11.2 陈团生 于荥阳

陈团生题诗（世界象棋协会学部主任）

咏荥阳馆藏宋代铜铸象棋

陈　上

像露古朴姿，铜分青与赤。
沉睡千年后，真容写历史。

国际象棋要寻根

陈　玮

国际象棋要寻根，六十四爻指迷津。两仪相间明哲理，四象充盈长精神。
太极互易五洲传，八卦成列万象新。棋子六种本律吕，泱泱中华启人文。

简释：国际象棋脉络分明，源自我国中原古成皋地区（今，分属荥阳和巩义）。“河出图，洛出书”，由“黑白鱼”组成的太极图自然成像：“太极生两仪，两仪生四象，四象生八卦”。国际象棋在这一思想指导下，棋盘按六十四爻，中含阴阳（格分黑白色）和阴阳相间（每相邻四格，含少阳、少阴、太阳、太阴），体现了“八卦成列，象在其中”（《系辞传下》），表明了“圣人设卦观象”（《系辞传上》）。

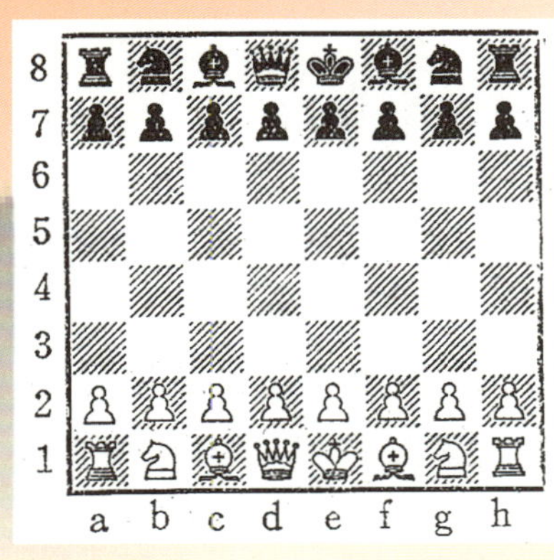

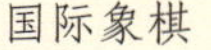
国际象棋

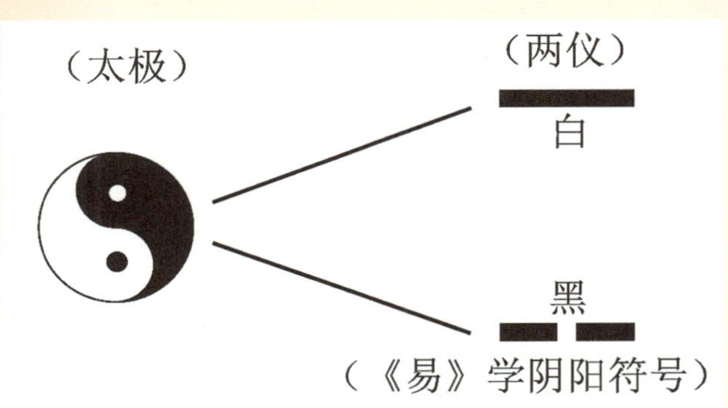

国际象棋黑白之文化基因

第六章

棋风棋俗 城乡竞异彩

以"九五之争"为主旨的现今通行的象棋制艺，在荥阳已经流传近千年了，早已普及深入到每一处乡镇和农村。由于社会环境的差异，遂在不同区域形成了别具特色的棋风棋俗。从历史和近百年的状态来看，均由三个方面活跃的人群来体现。首先，是有一定社会地位的文人绅商，他们以棋彰显自身的风姿；再者，为耕牧工匠，在繁忙劳动的间隙以棋为乐、为精神的追求；同时，还有以棋为业的江湖艺人，走街串巷，赶集就市，于艰辛的流动中交流、传播、发展棋艺。他们对象棋文化不仅有严谨的竞技性的认知，而且有娱乐性、陶冶性的感悟。他们的活动，自有社会文化的内蕴与人性的光辉作为主流，分别形成不同的棋风棋俗，竞现异彩。

一、别具乡土特色的棋风棋俗

象棋活动虽然已经遍及荥阳城乡，融入人们的日常生活，但出于历史形成的原因，不同地域之棋风棋俗则不尽相同。一般说来，正式的比赛对弈，大家都能严守棋规而进行之；差异主要表现于日常街头地摊乡友之间的棋艺切磋上。汜水镇及其附近一带，因为是通衢要道、关隘商埠，即使是日常街头棋摊，人们都非常慎重其事地相邀而坐，摆摊布子，执红先行。当然，也有摆好棋摊，待棋友入座后而对垒。像通常的街头情景一样，每当棋摊布阵开局，总有不少棋迷围而观之；也像古今的街头棋摊一样，随着对弈局面上的棋势发展，总有一些棋迷出头帮助一方出主意，指手画脚。汜水镇一带的棋摊，却是十分“厌恶”搅进来的棋迷。常常在棋摊摆开的时候，即在棋盘两侧放上一副对联：“观棋不语真君子，支着（音招）动子是小人。”更甚者，还会放上一付隐含辱骂的对联：“此地无青草，毋须（或：不要）多嘴驴。”古代汜水县

老少对弈

童稚之乐（公园一景）

是很讲礼义的地方，据当地老人相传，即使街头摆棋摊，对弈者须抱拳行礼之后，方可入座，大都尊年长者坐到红子一方先“走”子（第二盘起，可以轮先；也可以让输棋的一方先“走”子）。接着，还要客套几句谦让之词，方能开局。虽然不禁（也总禁不了）棋迷观阵，双方都自觉地严禁“外援”；且“高傲”地摒弃棋迷于“摊”边支着。间或，有年少鲁莽之人，抢居红子的一边，而且头一步便“走”当头炮，整个市井都会瞧不起他，认为他“不知礼”。还传说，弈棋的礼节是有根据的，根据民初清末以前学宫里举人秀才弈棋的样儿，传下来的。那时，文人们象弈，是要高架棋盘（棋盘要求楸木精制）呢！也是含笑抱拳方可入座的；如若是少年人对弈中、老年人，必须先作揖见礼，待答礼并允许后，方可抱拳含笑参与对弈。对弈中，规矩也是很严格的，讲究“摸子必行（弈者手摸到哪个棋子，必须“走”哪个棋子）”、“落子为定（棋子“走”到哪个地方、哪个位置，就得放在哪儿，不许乱改变）”。所以，街头棋摊上，常常出现手拿棋子而沉思，久久放不下棋子的现象，即棋坛上所说的“举棋不定”。街头棋摊如此，文人绅商们在茶楼、道观乃至家居处的象弈则更加严格。他们认为让人出着（招）、或者悔（回）棋，是很丢身份的事，“下棋者”宁可认输，也决不悔棋；旁观者，宁可一局完结后，复盘指点，也决不当“多嘴驴”。

广武镇的文人绅商们边品茶、边下棋，情况近似汜水镇的棋俗。但，弈棋中多有融通，相熟的棋友之间，“摸子”常常可以不“走”，另“走别的棋子”；“落子”也可以不“定”，另置落子处。若有旁观的棋友，常常允许帮助一方支着。受帮助的一方，喜得“军师”；另一方则认为“我一人下你们俩人”，很有满足感。当然，正式比赛，一决胜负，同样是严守棋规，决不许观弈者插嘴的。至于广武镇一带的街头棋摊，下棋的状况则更加宽容，常常允许旁观的棋迷“绰棋”（乃至多人“绰棋”），也允许对手悔棋另走。其街头棋

街头象棋迷

偷闲

摊弈棋的竞技性虽然减弱，却增加了游艺性。一盘棋下来，弈者、观弈者哄然一笑，乐在心头。即下棋不为输赢，为取乐。俗话说："不恕（输）庄，不恕（输）地，下棋取乐不斗气"；又说："胜也喜，恕（输）也喜，再下一盘换着喜。"传说，在民国初年街头棋摊上，有人一盘棋连着悔了14次而输掉。此人的姓名，早已被忘掉，可他因悔棋而得到的"外号""十四悔"反而在棋迷中当作笑话传说了好些年。让棋人的姓名呢？也被忘掉了一半，后人（当时的人也同样）称之为"张公"；但，他在胜棋后说的话，可完完全全让人记在心里，久久难忘："赢棋就要赢得他心服口也服。"可见，古来之棋手中，有人的棋品相当高。自然，棋品的高低还表现在另外一面：为教育棋手有严格的竞技品行而不许悔棋。广武镇一带的街头棋摊、集市棋摊，在摆摊前也常常约

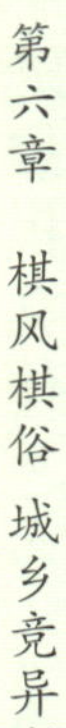

定：不许“绰棋”、不许悔棋。约定之后，观弈者即不能对棋局再插嘴，下棋者即不能再有悔棋之举。他们既遵循“摸子必行，落子为定”的棋规，更讲究“悔棋非好汉，细心真豪杰”、“输棋要输得痛快、输得有骨气”；他们说：“不许悔棋戒草率，立郑重，戒毛躁，立周密”。“十四悔”，可能是个典型形象，而因常输好悔落一个“臭棋”（或“臭棋篓子”）称呼的棋手，历代不乏其人。这样的把象棋活动的竞技性和游艺性于日常对弈中区别开来的棋风棋俗，在广武（或者说“河阴”）已流传了好几百年。广武一带的乡俗中，还有一个有趣的现象，在明、清乃至民国初年，士绅豪商之家若有闺阁淑女待嫁，首选的是进学的文人才子；而文人才子中，下象棋（还有围棋）水平高者，更是首选中的首选。因为，大家公认棋艺水平高者有智慧、聪明。

总的来看，象棋的竞技性乃是棋艺的根本特性，无论是汜水镇一带，还是广武镇一带，私人之间、村庄之间、街道之间、本地棋手与外来棋手之间，比赛（或者说“对垒”、“打擂”）还是经常举办的。有时，商家（商会）出的“彩红（比赛的利市。即奖金、奖品）”还是相当重的。这样的比赛，常常成为棋迷们的节日。像清末民初汜水镇玄武灵台庙会和广武飞龙顶、飞凤顶庙会期间，在玄武大帝神座前的象棋擂台赛，甚至牵动外省、外县的棋迷们赶来参与（可，本地的文人士绅是不屑参入其中的）。此外，还有轮翻赛（少者赛3盘，多者赛16盘），也在好下棋的村庄这间、私人之间经常举行（村庄、街道赛的棋手可以更换，私人赛则一下到底）。

荥阳城关镇一带，也属于通衢大道、聚散商埠，古来棋风棋俗大致上和汜水镇差不多。不过，近数十年以来，街头棋摊也增多了游艺性，人们常常见到观弈者乱“绰棋”，下棋者常悔棋，只要不是正式比赛，宽而容之的象坛趣事，是越来越多了。从二十世纪八十年代以来，工会等社会团体组织的全县（市）职工象棋比赛，各乡（镇）象棋比赛，教育部门组织的小学生、中学生象棋比赛，连年进行，促使荥阳的象棋技艺水平大为提高。近些年，又有银行、公司资助的全市性质的象棋比赛，更呈热烈景象。例如建业商场资助的在人民广场连续两天的象棋擂台赛，下棋的、观棋的，几达两三千人。

棋风棋俗中的游艺性多了，竞技性差了，也许是荥阳地区，象棋活动虽广

小棋手在聚精会神

为流传，但棋艺苦不甚高（不仅和国手相比，就是在河南省也排不到前几名）的重要原因吧！但，保持象棋在竞技性之外兼具娱乐性，荥阳还是“乐此不疲”的。

二、耍江湖，象棋艺人热闹荥阳城乡

荥阳（含原汜水、广武）喜欢象棋的人多，历朝历代江湖上的象棋艺人就喜欢到这儿串悠。这些象棋艺人仗着棋艺闯荡江湖，见过大都市，走过大码头，经过大世面，自然怀揣一些绝技。古时，广武一带的人们称呼他们在集市上摆残局棋摊为“耍象棋”，称呼这些艺人为“耍棋的”。这些“耍棋的”千百年以来的身影和他们所“耍”的象棋棋艺，早已融合于荥阳的棋风棋俗。

农闲抽空来一盘

明、清以降，在文人绅商之间“象弈”的规矩极严。这些“规矩”呢？一一影响到市井乡闾棋坛。据老年人讲：唐代之时，棋盘的纵线不是9条，而是11条。“炮”呢？不是摆在现今制式象棋的炮位上，而是以老将为中心，依士、象、马、车、炮的顺序，将炮摆在最外边的两条线与底线相交的位置上。到了“赵天子坐汴梁”以后，纵线才由11条改为9条，炮位呢？也由在车的外侧，改为车位前面的二横线上（与坐九宫中心的老将，同在二横线上，老将居9纵线之中，炮居9纵线两边之外线）。直到道光年间，方随同走江湖“耍象棋”的艺人，进一步改为现今制艺炮位（当然，有些乡村还把古时的摆法，坚持到了清末）。至于老将摆在九宫之中心，下棋的第一步必走“老将升帐”，才让老将（帅）归到现今摆棋的将位这么样的一种棋规，直到今天。有的乡村（如汉王城、霸王城一带村庄）还坚守着。他们说：下棋贯注礼义，养育人的秉性，看起来“老将升帐”是白费事的“步子”，其实内里隐含着“先礼后兵”的观念和心术。另外，尚有一些不成文的规矩（心照不宣的习惯）：下象棋的人赢对方，不能赢“小卒拱心”，更不能赢“二鬼把门”。从下棋的礼节上说，让人“输”于小卒拱心，不仅是对对手的“大不敬”，更是对对手的“诅咒”。人们在下棋时，走到了这样的棋势（式），宁可不赢，也不能失礼，更不愿自己落“诅咒人”的名声。这一不成文的规矩呢？直到民国早期，又是让走江湖“耍棋的”给改变了。一般来说，“耍棋的”到荥阳城乡来“耍象棋”，是为了获取财物，他们大都懂得人情，认识世务，做到“见好即收”。有不少人，既得到了一定财物，又落了个好名声。本来，摆残局棋摊“耍象棋”，就带着赌博的特性，你赢个“少而不言”，带着娱乐的性质、传播棋艺的性质，人们还能接受（甚至喜欢接受）；你要是赢得对方（这个“对方”，准是棋迷心窍）倾家荡产，不仅当事人心气不平，旁观者也会挺身而出打抱不平。传说，道光年间有个姓许的江湖艺人，在集市上摆残局棋摊，表明自己到河阴（即现今的广武镇）来，是“显艺收徒”，决不以输赢赌财物。他大展身手，让很多棋迷口服心服地争着拜他为师。他呢？每传一局残棋的秘着，

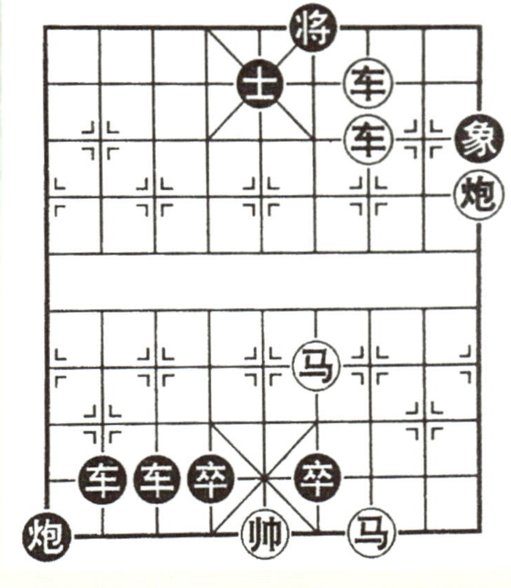

连环甲马

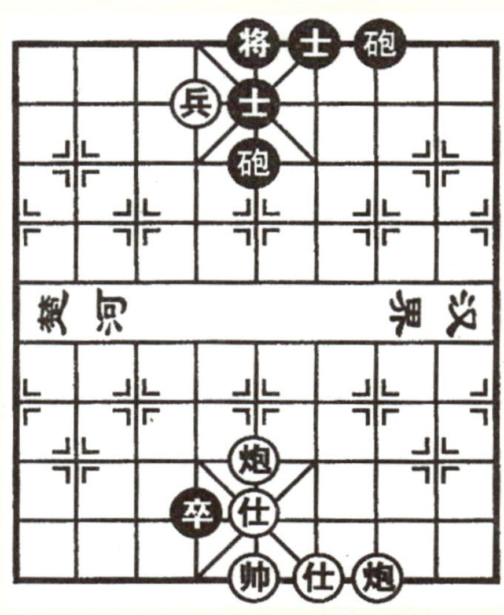

双炮对垒

人民广场象棋擂台赛

“收一两粮食，麦豆均可”。结果，赚了一大牛车粮食粜成钱，还被兴高采烈的“徒弟（不记名的徒弟）”欢送回乡。既传播交流了象棋棋艺，又得到应得的“报酬”，还让人念念不忘。同时传说，“双炮对垒”那一盘教初学棋者知道“算计”的排局，就是“许先生”传下来的。到了民国初年，又有一个“耍棋的”江湖艺人来到河阴，也惊动了这儿的棋坛，却因他犯了江湖的“大忌”，落了个“狼狈而逃”的结果。唯一留下的“好事”，是打破了赢棋不赢小卒拱心的“潜规矩”。真是“人上一百，形形色色”。这个“耍棋的”自报家门姓吴，大号倒很谦虚，叫“不胜”。如若将此人的姓名连到一起，“吴（无）不胜”三个字，露出了其骨子里头的狂傲骄横。其人本身倒也真有一些高明的棋艺，在街市的残棋摊上，连下大注，赢得好几个身家相当殷实的棋迷一败涂地、倾家荡产。为了镇住当地棋迷，还口出大言：“我身揣棋谱绝技，《自出洞来无敌手》，才敢标名‘无不胜’，不光下残局，就是下全局也无人不胜。”当时，河阴城棋艺最高的当数时任劝学所所长的陈先生。可，他又不

能失身份去和江湖上卖艺的一决雌雄。不过，在众人连番催促而推不掉（当然，也怀有义愤）的情况，暗地化装做个落魄的“童生”，下场与“无不胜”较量。仗着“和”便是胜的原则（即，对方“不胜”），一开局便展开了惨烈的“兑子”。同时呢？在大兑特兑中偷空斩获对方的兵丁。吴不胜这位艺人，也真有本事，占尽先手。可他却在占先之中，犯了光关顾“大子”的毛病。激战下来，他虽比对方多了一个“大子”，留下了双炮；可让对方保留单马之时，多了4个卒。结尾之战，吴不胜怎么也不愿服输，陈先生在“怒不可遏”的棋迷们“赢他小卒拱心、赢他小卒拱心”的催促下，不得不打破“温良恭俭让”的棋规棋俗，以双卒换双士和单炮，再挥“卒”攻占九宫之心。此后，河阴棋坛掀起了下棋赢小卒拱心的热潮于一时，棋俗棋风为之一变。

初生之犊不惧虎

二十世纪五六十年代，荥阳城乡走江湖的象棋艺人基本绝迹；八十年代之后，本地出了个走江湖的乡土象棋艺人叫作靳小毛。他很少在荥阳本地"耍象棋"，却在本地很有名气。不少人看不起他，认为他"不务正业，不爱劳动"；却又羡慕他棋高一筹，想学他的棋艺。他走江湖的特点是"口满手宽"。"口满"，指的是摆棋摊敢叫阵，口不满激不来和自己下棋的；"手宽"，指的是对输赢不要过于计较，得让人处就让人，即使你真赢了对手，对方不愿出财物时，也不逼着要。还有一个走江湖的象棋艺人，姓张。他介绍自己时，吞吞吐吐地说自己名叫"步武"。20世纪90年代末和21世纪初，常利用晚上时间在荥阳人民广场摆棋摊。他残棋的棋势展示的并不多，且还带着棋托。也许是心里有"鬼"，总怕文化市场管理人员驱赶他、更怕处罚他。不过，从他一摆棋摊，就有许多棋迷围观、并对摆出的棋势（式）七嘴八舌地指点揣摩。看起来，在文化生活中，还有摆棋势，下残局的需要。是否由文体部门请来棋坛高手，给予满足？这样，当让棋风棋俗在发展中变得更为清新。

三、象棋棋具在荥阳城乡的采取

在第三章里，我们谈到了荥阳市属于国家二级文物的宋代铜铸象棋，民间藏有的元、明时期的铜铸象棋和以太极黑白鱼图案为将帅的画像代字的象棋，以及清代玉石棋盘。此外，荥阳千百年来经常用于象弈的棋具，虽可称之为五花八门，仍含有其特殊的民俗特色。

二十世纪四十年代与五十年代，百业待兴，荥阳城乡体育器村普遍缺乏。然而，每个乡村都有几付象棋供人们使用。象棋子的材料，与古代大体相同，多为木质；间或也有陶质的象棋。而木质棋子，大多为本地木匠制作，很少从外地购入。二三十年代，富裕人家也有购买一些质地上好的象棋，比如说购买瓷质的、玉石的，以及作为古董、又作为赏玩物品的古代遗存下来的铜铸象棋等等，而加以珍藏。最有趣的是当时年届10岁上下的乡村孩子们，这些小象棋迷无力购买棋具，偏偏又想下棋想的要命，他们最简易的办法是"摔泥巴"，用红胶泥或黄胶泥做棋子。可，泥做的棋子光裂，甚至一盘棋还没有"走"下

乳燕试飞

场馆较艺

来，棋子就已裂了个“满地零碎”、一塌糊涂。听说盐水和泥泥巴不裂，便偷拿家里的食盐（当时，食盐在一般农家都相当珍贵）化水和泥。但，盐水做的泥象棋子也玩不了多少天，他们把目光投向了裂礓（南山一带的孩子们则是打起了青石的主意），在山沟沟里找大块裂礓来磨棋子。令人啼笑皆非的是，大块裂礓暗中隐藏着裂纹（青石块中也隐含裂纹，但比较容易看出），当一个棋子将要磨好之时，会从中裂开，让你前功尽弃。但，小棋迷们有的是恒心，三五个孩子，甚至七、八十来个孩子同心协力，你磨一个、我磨一个，硬是磨出32个裂礓棋子，磨出个皆大欢喜。这些裂礓磨出的棋子，一般来说要比大人的大拇指头肚要大，刻上了歪歪扭扭的棋子名称后，也颇为光滑实用，能比美南山里制作的青石棋子。市面上，从未见过有人卖裂礓棋子。可，

霸王城头自发象棋争霸赛

青石做的棋子，市面上有出卖的。不过，石匠们做青石棋子是颇费功夫的，价便宜了不值得；价贵了，又很少有人买（他们出高价，可买瓷的，或者玉的，更为合算）；所以，青石棋子的买卖偶有所见，打不开市场。

荥阳因为地处洛京与汴京之间，地又适宜长楸木，而两京都市之内有身份的棋迷们又酷爱楸木做的棋盘，影响到荥阳的木工匠人常常做楸木棋具（特别是棋盘，有带支架的、有光木盘的）外卖。据老人相传：独板的（不上油漆，要原木有清晰纹路的）楸木棋盘价格甚贵，一块棋盘，能籴石粮。就是拼板（两块、或数块板拼成）的楸木棋盘，也能卖个好价钱。但在民间，用得起楸木棋盘的并不多，槐木、杨木、桐木做棋盘较为常见。一般人下棋，用纸做棋盘的最多，用布做棋盘的也较为常见；而玉石、丝绸做棋盘，应属官绅豪富人家。走江湖的象棋艺人，为求携带方便又不易磨损，则多用质量较高的薄袼褙做棋盘（也有用羊皮的。但，很少），可开叠自如，又能使用长久。

四、秘而罕传的象棋谱

除了童稚时代的小棋迷，凡爱下象棋的人，莫不珍视象棋谱。古时，印刷不易，而象棋也时常被列入“玩物丧志”之列，故而研究论述象棋技艺的书，很少流传于市面上。典籍记载，北宋初年，尹洙（1001—1047）著有《象戏格》，再加上此前无名氏的《樗蒲象戏格》，表明象棋谱现世已达千年之久。作为地近汴京的荥阳，人文鼎盛，不可能不受其影响，不为之流传。嗣后，相继出的象棋古谱《金鹏

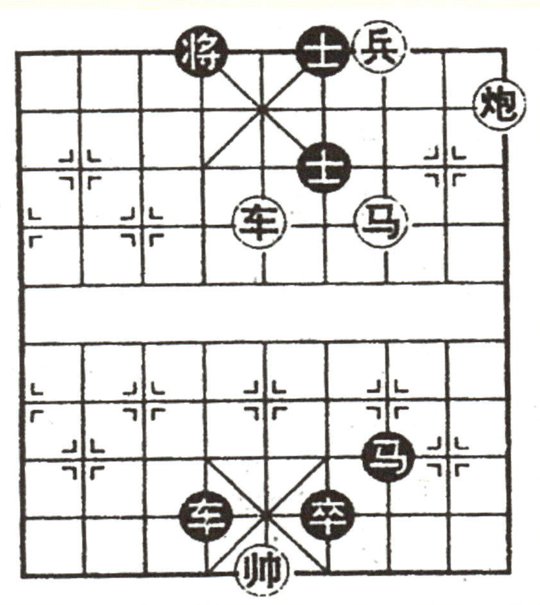

赤心报国

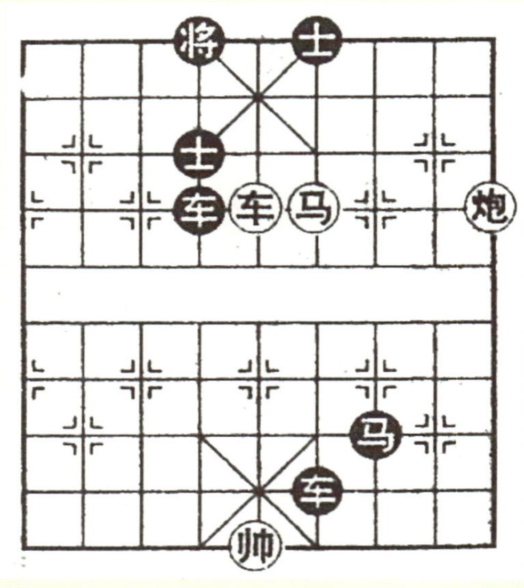

深穴伏虎

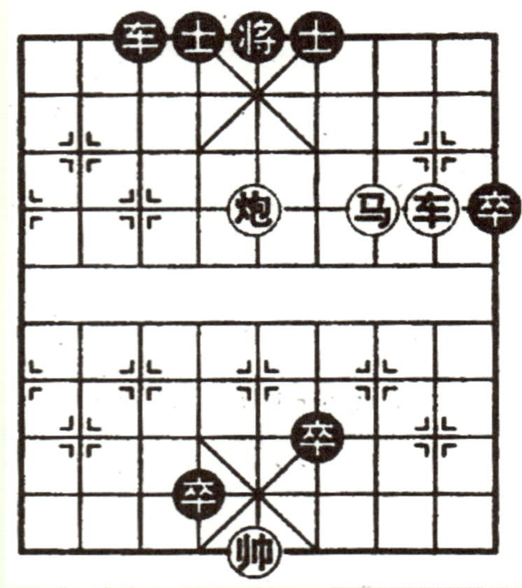

打草惊蛇

十八变》、《象棋神机集》等书，不仅绝迹于荥阳，就连明、清时期大量涌现的象棋谱《橘中秘》、《适情雅趣》、《梦入神机》、《梅花谱》、《百局象棋谱》等著作，也不见有刻本流传；幸好，还有零散的手抄谱屡见于荥阳象棋爱好者的家中。如《赤心报国》、《国士无双》、《深穴伏虎》、《打草惊蛇》、《连环甲马》等。这些内蕴报国驱魔意识，富有时代特性的棋谱，经常见诸于河阴、汜水、荥阳城乡。“民国”二、三十年，广武腾蛟街士绅姚氏，即珍藏有上百局象棋谱。时任河阴劝学所所长的陈云彩（著名考古学家陈云路之族兄），为政甚得学子之心。他去职时，拒收任何馈赠，姚姓士绅和学子们因其喜欢象弈，纷纷以墨笔抄象棋棋谱于麻纸而相赠。陈氏遂得手抄象棋谱近200局，珍而藏之。惜，1941年为避免日寇进犯遭到毁损，亲手以纸捻装订成册，与其他珍贵书籍一起装箱运往栾川山洞收藏而无奈流失。1946年4月，汜水县城马姓老先生（居汜水东街）因与一10岁棋童对弈引起内心的喜爱，遂出示厚厚的一沓麻纸抄写的象棋谱说：“想成下棋的高手，必须学这些棋谱。等你长大后，我抄给你。”此后，也未见这些棋谱的下落。

巾帼出高手

中华人民共和国建立后，象棋运动得到了飞速发展。象棋棋谱，无论是古本新编，还是全国知名的象棋学者的新著，均得到荥阳人的喜爱而纷纷流传于荥阳。现今，《象棋入门》、《中国象棋古排局集成》、《江湖棋局搜秘》等等象棋谱类书和韩宽先生编著的《象棋规则问答》等专著，散于民间、藏于民间，已成经常交流之事。

五、象棋文化融入社会生活演绎哲理

象棋进入社会生活，人们在弈棋之中触发了许多带哲理性的思维，且形成了耐人寻味的哲理性语言和认知，又反过来帮助人们适应社会、料理生活。这些精妙的认知和语言，是象棋文化化入民风民俗的结晶，不仅让人们越品越有味道，而且使社会生活越发精彩美妙。

街头棋景

荥阳人常说：干啥事都得有全局观念。“全局”意识就来自于弈棋，你在下棋中的每一步，吃子或丢子，都关联着全盘的赢与输。所以，延伸出“全国一盘棋”、“顾全大局”、“大局不妙”、“全局看好”种种意识形态，让人们自己和整个社会受益匪浅。

荥阳人每逢做什么事，都讲究“布局”。要求搞好“布局”。民间有个谚语说：“布局搞不好，步步有烦恼”。这，和“出车当要路”、“出马先挺卒”，属于同一思考范畴。既有技战术运用，又有“全局考量”的布局观念和“控制局势”的主动精神。

基于此，还讲究“丢子不丢先”、“失子不失先”，处处注意“全局”得失的主动权。

在处世待人方面，要求自己“勇当马前卒”，“甘当马前卒”和“一马当先”。荥阳人以此来彰显做人的豪气与奉献精神。

同时要求自己："做事不能不知道马蹩腿"；责问亲友："做事怎么不懂马蹩腿"?以遵守"马蹩腿"不乱"跳"，来自律行为举止。

可以说，象棋文化滋润入民风民俗，处处让荥阳人的人生焕发。

关于团结人，一块共事，恰有象棋俗语："孤炮难成事"、"单车寡炮瞎胡闹"。

关于有远见，细心运筹，恰有象棋俗语："走一步，看三步"、"只看一步棋，老将嘴啃泥"。

关于戒贪婪，大处着眼，恰有象棋俗语："贪吃必输棋"、"贪吃兵卒折车马"、"贪吃车马丢将帅"。

关于尊重人，知礼循理，恰有象棋俗语："下棋守棋规，礼让不吃亏"、

对阵于象棋文化策源地

"连连叫将不成杀，招人白眼落衅瓜（荥阳方言，傻瓜的意思）"。

关于警惕性，提防不测，恰有象棋俗语："紧防打闷宫"、"小心铁门闩"、"注意马后炮"、"一着不慎，满盘皆输"。

关于会决断，善抓时机，恰有象棋俗语："举棋不定难成事"、"犹犹豫豫必出局"、"失时机，误全局"。

关于能奋发，敢面现实，恰有象棋俗语："别将我的'君'"、"不是光你会'将君'，我也会'将君'"、"连将不算稀奇，擒将才有本事"。

关于讲策略，出奇制胜，恰有象棋俗语："要会'槽头牵马'"、"善于'海底捞月'（象棋术语，意为从老将的底线进攻，从而获取胜利）"、"胆敢舍车擒将"。

关于善统筹，进退有据，恰有象棋俗语："臭棋乱飞象，歪点（指出点子）乱出着（招）"、"双马连环，神鬼难缠"、"单马过河，失误必多"。

棋风棋俗让哲理形象化，让人们的意识形态，进一步得到升华，它融洽地汇入光辉灿烂的中华传统文明，自然光耀岁月、烛照人生。

第七章 荥阳象棋文化的传承与弘扬

首届中国象棋文化节，是国家体育总局棋牌运动管理中心主办，河南省社会体育管理中心和荥阳市委、荥阳市人民政府承办的重大活动。内容非常丰富华美而又隆重翔实。「楚河汉界」争胜地，人间岁月一盘棋，象棋文化得到了一个壮阔雄武、蕴藉深厚的展示。

文化工作者的介入，以及更深层次的探讨，进一步使「楚河汉界」、"黑红对峙"诸多内容的历史渊源，定格于专著与文论。更让人们惊喜的是，别开研究领域，从象棋独具的制艺形态入手，结合中华文明传统的意识形态与史籍的记载，相比较、相考证、相彰显，发现并揭示出了棋盘纵横线条组合的内涵「九五之争」；同时发现并揭示出了古代象棋（即国际象棋源头）方格数量、方格颜色、黑白相间的文化意蕴乃「四象之博」（六十四爻，「八卦成列，象在其中」）；均为象棋文化至为关键的研究发现，做出了重大而又独特的贡献。

一、“楚河汉界杯”全国八强赛

1999年元月19日，对象棋文化策源地荥阳来说，是一个喜庆的日子，“少林汽车杯”楚河汉界全国象棋八强赛，就在这一天于荥阳市开幕了。映着黄河的浪花，汉王城红旗展招；映着黄河的浪花，霸王城铁甲闪耀；位于广武山的鸿沟两岸沸腾了。千百年来，象棋在它的文化源头的策动鼓舞下，一步步发展丰富，形成中华民族的瑰宝，全人类的艺术财富。而代表着这一艺术品种最高境界的全国象棋八强赛，与光辉的楚河汉界这个独特的名字一起定格于历史上，荥阳怎能不展开赤诚而炽热的怀抱。象棋，回到了娘家，山南海北的象棋大师，在亲近这块意义独具的大地时，心如潮涌，要把精湛的艺术才华，着意奉献。

八时许，荥阳宾馆内欢声笑语洋溢，全国四十八位象坛群英会聚荥阳，心情格外振奋。其中拥有声名显赫的特级大师11名（包括扩军达标的几位），大师28名，以及尚无头衔、但棋手等级分高踞另外25位大师级的各路英豪9名，可

柳大华对弈赵国荣

“坐运神机”的刘殿中

见这次“争霸赛”总体水平之高。荥阳市副市长李润昌，热情感人地代表“楚河汉界”所在地、黑红对峙发生地、“九五之争”演绎地——历史文化名城荥阳，欢迎象坛名家国手的到来，并祝大家发挥好优异水平，展现骄人的风彩。

令人至为欣喜的是，陈祖德先生（时任中国象棋院院长）、贾君德先生（时任中国象棋协会主席）亲临赛场，并任“争霸赛”组委会的名誉主任。任名誉主任的还有封励行、迟美林、刘振中、王健、牛西岭、周文昌等人；荥阳市长周斌和中国棋院副院长王祯任组委会主任；中国棋院象棋部主任胡海波，郑州市体委主任贺广勋以及宋扬、朱永森、魏治功、张水旺、蔡俊泰、刘春光、李润昌、郭超凡、阎红举、周明渠等人任副主任；郑如杰任组委会秘书长、李雪任副秘书长；组委会委员有穆宝林、马仰山、贴增敏等20人担任。此外，大会办公室主任王万军、副主任张群、宣传处处长赵国君、副处长汪培训、王红星，竞赛处处长李雪（兼）、副处长陈吉超、孙合义；后勤处处长马鸿超、副处长刘秀艳等人负责竞赛的保障和进行。

王孔兴先生（左三）、韩宽先生（左一）瞻游鸿沟

中国象棋八强赛冠、亚、季军吕钦、赵国荣、刘殿中

《楚河汉界全国象棋八强赛》，由著名裁判王孔兴先生任裁判长、著名裁判象棋棋艺理论家韩宽先生任副裁判长、荥阳市象棋协会顾问陈玮在总裁判台协助服务。裁判员有王树基、毕勇刚、牛涤生、毛振民、赵绪生、王聚群、葛勇杰、陈汴华、胡保成、王宪英、丁万岭、田金泉、陈上、陈拴成、史永泉等15人（后5人为荥阳市国家一、二级裁判）。

参赛棋手除去年全国冠军许银川因故未到外，等级分排在国内前四十八名弈林好手都披挂上阵，新华社为此也发出了电讯报道。“河南荥阳1月20日电（记者李晴扬）：荟萃了全国象棋精英的首届少林汽车杯全国象棋八强赛，今天在历史上的楚河汉界所在地河南荥阳落子。”

四十八位象棋高手先进行分组赛，每组出线一人。

四十八位弈林好手是：

吕　钦（广　东）、赵国荣（黑龙江）、刘殿中（河　北）
陶汉明（吉　林）、徐天红（江　苏）、胡荣华（上　海）
卜凤波（大　连）、李来群（河　北）、李智屏（湖　北）
阎文清（河　北）、柳大华（湖　北）、万春林（上　海）
于幼华（火车头）、洪　智（吉　林）、郑一泓（厦　门）
金　波（火车头）、张　强（北　京）、葛维蒲（浦　东）
汤卓光（广　州）、林宏敏（上　海）、杨德琪（火车头）
苗永鹏（辽　宁）、张　江（河　北）、孙勇征（上　海）
庄玉庭（广　东）、蔡忠诚（厦　门）、张晓平（黑龙江）
宗永生（广　东）、陈寒峰（杭　州）、曾启泉（林　业）
李家华（邮　电）、熊学元（湖　北）、李艾东（四　川）
蒋全胜（四　川）、李雪松（湖　北）、邬正伟（轻　工）
尚　威（冶　金）、言穆江（江　苏）、傅光明（北　京）
徐健秒（江　苏）、陈孝堃（杭　州）、许　波（邮　电）
聂铁文（黑龙江）、李　林（农　协）、宋国强（火车头）
许文学（重　庆）、黄仕清（南方棋院）、景学议（煤　矿）

吕钦于鸿沟听解说“中分天下”

多轮象弈，决胜出的八强是：吕钦、赵国荣、刘殿中、柳大华、李来群、陈孝堃、徐天红、黄仕清。

二、“1999全国象棋升级赛”

1999年5月12日，中国象棋协会发出了“99全国象棋升级比赛的通知”。“通知”说：“由中国象棋协会主办，河南省荥阳市体育发展中心、广武镇人民政府、荥阳宾馆联合承办的1999全国象棋升级赛将于1999年7月19日至28日在河南省荥阳市举办。本次比赛是中国象棋协会修改制定新技术等级标准后所举办的第一次全国性业余棋手升级赛，即重新确认等级的比赛。”

以“楚河汉界”杯命名的“1999全国象棋升级赛”，成立了大会组委会。名单如下：

名誉主任：陈祖德　中国棋院院长

贾君德　中国象棋协会主席

迟美林　河南省体育总会主席
王　健　河南省体育总会副主席
牛西岭　中共荥阳市委书记
主　　任： 周　斌　荥阳市人民政府市长
王　祯　中国棋院副院长
副 主 任： 胡海波　中国棋院象棋部主任
贺广勋　郑州市体委主任
宋　扬　郑州市体委副主任……（下略）
秘 书 长： 郑如杰　荥阳市体育发展中心主任
副秘书长： 李　雪　中国象棋协会常务秘书
委　　员： 雷志刚　河南省棋牌协会秘书长
穆宝林　郑州市棋类协会秘书长……（下略）

"楚河汉界杯"九九全国象棋升级赛工作人员合影

“楚河汉界”杯99全国升级赛的获奖者项阳红等棋手

裁 判 长：韩国庆

副裁判长：尹乃文

裁 判 员：李 林 陈 玮 王建刚 陈拴成 田金泉 陈 上 丁万岭 丁玉增 王新力 刘志军 张成玉

（后10人为荥阳的国家一、二级象棋裁判。）

经过激烈的角逐，弈出如下结果：

大师级：

江苏 项阳红（7.5分）；

江苏 徐 超（7分）；

重庆 张 勇（6.5分）。

业余大师级：

江苏 李 群（7分）等6人。

荥阳有申国营、蔡林保进入象棋八、九级。

各地来荥阳参加比赛的象棋大师和业余大师以及众多棋手，兴高采烈地登上广武山来到汉王城、霸王城和鸿沟的侧畔；棋手们还有不少下到深深的鸿沟沟底，亲身体验一下这条有名的天堑。亲身贴近沟北口的黄河，纷纷照相留念。

三、2006全国象棋等级赛　暨全国象棋业余棋手锦标赛

继“楚河汉界”杯1999全国象棋升级赛之后，“楚河汉界”杯2006年全国象棋等级赛暨全国业余棋手锦标赛，又于10月10日至17日在荥阳市举办。

此赛事，由国家体育总局棋牌运动管理中心主办、荥阳市人民政府承办，竞赛项目为男、女个人比赛。男子录取前12名，女子录取前8名，获得进入本年度全国象棋锦标赛（个人）乙组的比赛资格。男、女冠军得分率超过76%，授予象棋大师称号；男、女组2—8名，获一级棋士称号；9—16名，获二级棋士称号；17—32名，获三级棋士称号。

组委会名单如下：

名誉主任： 裴家荣（国家体育总局棋牌运动管理中心党委书记、中国棋院副院长）

张振中（河南省社会体育管理中心主任）

刘　东（郑州市体育局局长）

丁福浩（中共荥阳市委书记）

杨福平（荥阳市人民政府市长）

执行主任： 刘晓放（中国象棋协会秘书长）

主　　任： 任元仓（荥阳市人民政府副市长）

副 主 任： 李　雷（中国象棋协会副秘书长）

毕勇刚（河南省棋类协会秘书长）

穆宝林（郑州市棋牌协会秘书长）……（下略）

仲　　裁： 李　雪　王孔兴　王万军

裁 判 长： 韩国庆

副裁判长：高海明　刘恒聚　王聚群

裁 判 员：陈汴华　陈吉超　孙合义　陈　上　刘志军

武金明　赵文锦　王新力　丁万岭　陈栓成

张福安　薛国庆　史勇泉　丁玉增　王　伟

秦志刚　朱宏启　张成玉　马连强　张百伟

王宏亮　宋宪中

竞赛地点设在荥阳体育馆侧畔、象棋广场与郑氏三公像之间的青少年活动中心象棋楼。象棋广场傍郑上路与310国道交汇处，交通便利、风光优美。

参赛棋手来自全国26个省（市、自治区）共有234人（男棋手208名、女棋手26名）。

男子组以积分编排办法，经过13轮比赛，入选前12名。依次是：

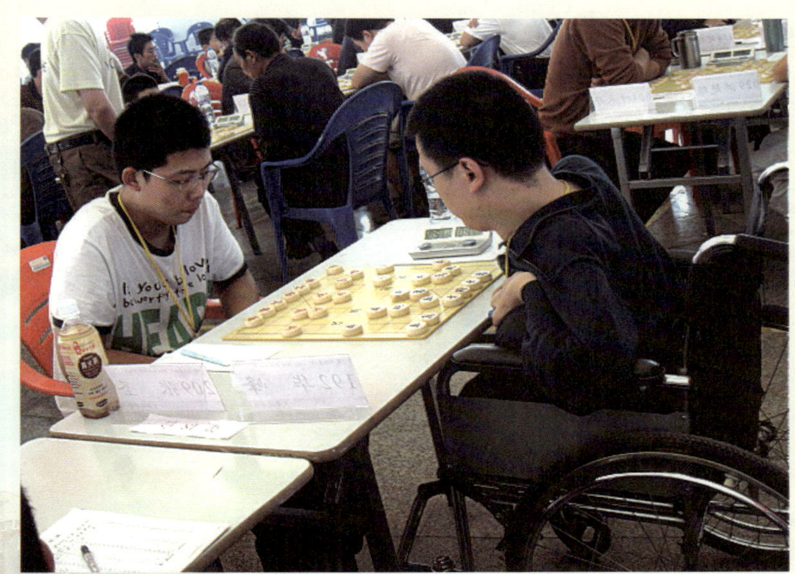

“楚河汉界”杯2006全国象棋等级赛暨全国象棋业余棋手锦标赛，赛场一角

“楚河汉界”杯2006全国象棋等级赛暨全国象棋业余棋手锦标赛少年女子组，聚精会神比赛

"楚河汉界"杯2006全国象棋等级赛暨全国象棋业余棋手锦标赛少年男子组，聚精会神比赛

邢　毅（浙江）、郝继超（河北）、李少庚（河南）、黄竹风（浙江）、孟　辰（辽宁）、刘宁泽（浙江）、黄　华（河南）、孙浩宇（湖南）、孙庆利（河北）、冯明光（广西）、颜成龙（河南）、孙　博（北京）

女子组以积分编排办法，经过11轮比赛，入选前8名。依次是：

万　春（浙江）、陈幸琳（广东）、石一佐（湖南）、郑铁莹（上海）、时风兰（广东）、刘　钰（河北）、赵雅倩（天津）、侯太玲（河南）

为丰富棋手的象棋文化生活，优化竞赛环境，赛场悬挂名家书法，以隶、楷、行、草的不同艺术形式展现古代有关象棋活动的诗词，以及楚汉逐鹿的史实。并以美伦美奂古色古香的绢质骨扇，作为纪念品。扇面上的"楚河汉界"和"智慧人生，财富天下"、"逾越鸿沟，走向和谐"，让人们精神风貌明丽焕发。

赛事尘埃落定，棋手们相偕相伴，满怀喜悦地登上广武山，饱览苍凉如诗的鸿沟和大河雄浑的风光，畅怀遐想，纵情欢唱。

四、在荥阳举办的首届中国象棋文化节

盛大而华美的节日

2005年11月10日，是象棋文化策源地——荥阳大喜的日子，也是象棋文化发展史上十分有意义的日子。这一天，国家体育总局棋牌运动管理中心主办、河南省社会体育管理中心、荥阳市委和荥阳市人民政府承办的首届中国象棋文化节，在素有“东方名郡”之称的荥阳开幕了。

首届象棋文化节，内容非常丰富华美，组织相当周到翔实。“楚河汉界”争雄地，人间岁月一枰棋，象棋文化得到了一个壮阔雄武、魅力四射而又深刻隽永的展示。在首届中国象棋文化节组委会的领导下，在荥阳市体育场举行了开幕式。开幕式由荥阳市市长杨福平主持，市委书记丁福浩致辞，郑州市副市长丁世显讲话，国家体育总局棋牌运动管理中心主任、中国棋院院长王汝南宣

王汝南宣布首届中国象棋文化节开幕

布：首届中国象棋文化节开幕。开幕式上，最引人注目的是举行了万人同场象弈竞技。当5000多人黑帽黑服、5000多人红帽红服，列队于巨型象棋棋盘“楚

河汉界”的两边时，掌声、欢呼声迭起，全场沸腾了。他们艺术地再现楚汉“九五之争”、两军相峙对垒的雄武景象，成为最亮丽的风景线。接着，中央电视台“想挑战吗？”栏目又展现出了一连串绚丽多彩的节目：大风歌、排兵布阵、调 兵遣将、狮王争霸、十面埋伏、楚汉争雄、中国象棋歌。象棋文化以她深厚的内涵打动着人心，令成千上万观众心神俱醉了。尤其是万人竞弈场上，在“楚河汉界”两边，忽地变幻出了“荥阳”两个金黄色亮澄澄的大字时，掌声、欢呼声再次长时间地响起，经久不息。当上海大世界吉尼斯总部总经理，将“万人同场下象棋创造吉尼斯世界纪录”的证书交给荥阳市副市长任元仓时，更是欢声四起，荥阳市体育场变成了欢乐的海洋。在主会场侧畔的“龙吟堂”会议厅，《象棋文化论坛》群贤毕至，高朋满座，国家象棋界的文化精英济济一堂，对象棋文化多方面的发展进行探讨、研究、交流。在这次文化节上，还举办了“楚河汉界杯”河南省象棋锦标赛。11月12日下午，首届中国象棋文化节各项赛事在新落成的荥阳象棋广场颁奖；与此同时，举行了荥阳象棋广场落成典礼。国家体育总局棋牌运动管理中心象棋部主任刘晓放、河南省社会体育管理中心主任张振中，及柳大华、于幼华、胡明等象棋特级大师向万人同场象弈竞技大赛的优胜者和“楚河汉界杯”河南省锦标赛前八名棋手颁奖。尔后，柳大华、胡明等十二位象棋特级大师和象棋大师各扎营盘，每人面

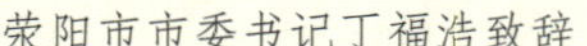

荥阳市市委书记丁福浩致辞

郑州市副市长丁世显讲话

荥阳市市长杨福平在开幕式上　国家棋牌运动管理中心党委书记裴家荣在开幕式上

对二十盘棋，在象棋广场和众多的象棋爱好者进行了车轮战，直到夕阳西下、夜幕低垂，大师们还和一群群象棋爱好者亲切交谈、依依难舍、不忍分手。都觉得时间过得太快了。象棋文化、象棋艺术、实实在在魅力无穷。

中国棋院顾问、中国象棋协会顾问陈祖德先生为《首届中国象棋文化节》题词："智慧人生，财富天下"。

首届中国象棋文化节组委会组成人员如下：

名誉主任：

王汝南　国家体育总局棋牌运动管理中心主任

裴家荣　国家体育总局棋牌运动管理中心党委书记

丁福浩　荥阳市委书记

主任：

杨福平　荥阳市委副书记、荥阳市人民政府市长

副主任：

刘晓放　国家体育总局棋牌运动管理中心象棋部主任

张振中　河南省社会体育管理中心主任

执行副主任：

赵　君　荥阳市委副书记

付东菊　荥阳市委常委、宣传部部长

李　雪　国家体育总局棋牌运动管理中心象棋部副主任

周　影　国家体育总局棋牌运动管理中心象棋部副主任

毕勇刚　河南省社会体育管理中心业务四部主任

刘秋梅　荥阳市人大常委会副主任

任元仓　荥阳市人民政府副市长

韦庆华　荥阳市政协副主席

秘书长：范胜利　荥阳市政府办公室主任

副秘书长：

吴　潜　荥阳市委办公室副主任

耿元奇　荥阳市政府办公室常务副主任

楚天遂　荥阳市宣传部副部长

委员：

张国增　荥阳市教体局局长

李连山　荥阳市旅游局局长

张顺林　荥阳市文化局局长

邓保山　荥阳市财政局局长

张武清　荥阳市公安局局长

李三刚　荥阳市交通局局长

张建波　荥阳市电业局局长

李芬菊　荥阳市卫生局局长

安保兴　荥阳市安监局局长

宋金贵　荥阳市建设管理局局长

袁　斌　荥阳市广武镇党委书记

总裁判长：朱宝位

副总裁判长：王聚群、陈吉超、孙合义、陈玮

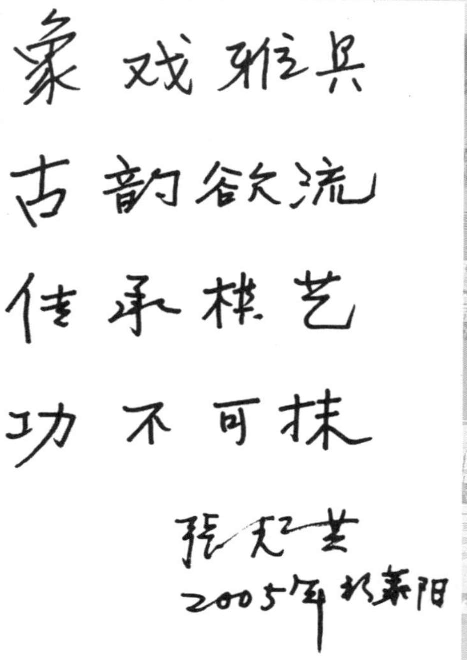

象戏雅兴
古韵钦流
传承棋艺
功不可抹

张知光
2005年于荥阳

“想挑战吗？”

“万人同场象弈大赛”，挑战吉尼斯世界纪录，并非突然之举，实是荥

阳地区象棋活动源远流长，且有着深厚的群众基础。万余名棋手一进场就很气势；棋摊一摆开就很辉煌；棋子一走就很精彩，比赛一进行就很动心；动荥阳62万人民群众的心，也动千千万万关注象棋事业发展者的心。

荥阳的象棋活动很普遍，每逢节假日，或者休闲日，人们常常自发地组织比赛。一个村内，人与人；一个乡内，村与村；一个城内，机关与机关；还经常活跃在老年之间、少年儿童之间；象弈的竞技比赛真真说得上是层出不穷。荥阳普通老百姓，渐渐地对组织全市大赛不过瘾、组织广场擂台赛不过瘾，好多人发话说："象棋，是咱荥阳的赛事，该检阅一下民间象棋活动开展的力量有多深厚了，开展一场万人大赛吧？"就这样，在市委、市政府的大力支持和具体的组织领导下，更在国家体育总局棋牌运动管理中心和中国棋院以及河南省社会体育管理中心的大力支持和指导下，"万人同场竞技大赛"终于应运而生，并且，通过电视展现于全国亿万人民和全世界的面前。

"楚汉逐鹿，'九五'之争；黑红对垒，河界分明；感受象棋，魅力无穷；万人竞技，风流云涌；挑战极限，相与挽缨；演绎棋道，气势如虹。"人

荥阳市体育馆万人象弈

们用这几句话，来形容“万人同场，象弈大赛”，也来形容首届中国象棋文化节开幕式大型文艺演出。

首届中国象棋文化节开幕式文艺演出，由王汝南、裴家荣、魏党生、张振中、齐岸青、丁福浩、杨福平任总监制，刘晓放、李雪、周影、赵君、付东菊、刘秋梅、任元仓、韦庆华任监制，赵斌任导演、张欣撰稿、张骥任电视导演，李斌、尚文斌任导演助理，王晓明特技摄像，宋云哲摄像，牛宝义、居然任舞美设计，李勇军任音响设计，道具、服装、化装工作分别由郭建平、孙梦、胡燕担任，还有许多工作人员担任协调和统筹工作（后由张今利任制片、曹天抒任制片主任，制片播放）。

万人象弈启幕

著名歌手演唱《中国象棋》

一曲震撼千古的《大风歌》，拉开了“楚汉争雄会”的序幕。河南登封塔沟的少林武术队和“二炮”工程技术总队文工团的武术队员们，在书写着“楚”、“汉”字样的两面大旗下，身着古装，舞枪挥戟，腾挪跃伏，你刺我杀，此来彼往，勇武壮观，高超的技艺令人眼花缭乱，把2200多年前楚汉两军在“楚河汉界”对垒争雄的场面，艺术地再现于舞台之上。

随着雄浑激昂的音乐，演员们以倏然多变的队形组合、以惊险卓绝的动作表达，把艰难困苦而奋发图强的内涵、把广武山麓鸿沟侧畔的刘邦、项羽的对峙和中分天下，定格于象棋棋盘的演化。

接下来，中央电视台“想挑战吗？”栏目又为数万观众演出了“排兵布阵”、“调兵遣将”等许多精美的节目。结尾的歌曲“中国象棋”由著名歌唱家杨洪基演唱。杨洪基先生以一曲《三国演义》主题歌享誉全国，而这一次又以他出色的演唱把演出推向高潮。

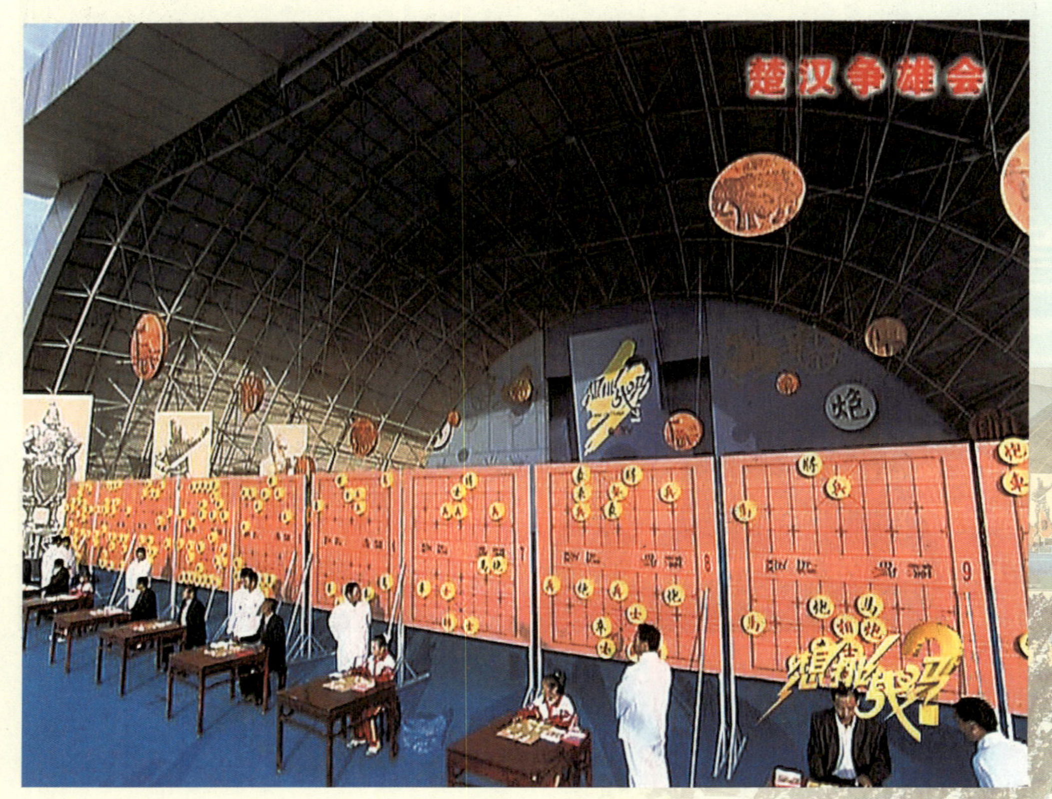

象棋特级大师柳大华盲弈20位挑战者

最后，央视三套《想挑战吗？》栏目主持人赵保乐代表象棋策源地的六十多万人民，希望全国观众和所有的朋友，通过央视看了这一现场直播节目之后，记住河南、记住荥阳、记住象棋……

中国象棋文化论坛

在首届中国象棋文化节期间，由国家体育总局棋牌运动管理中心主办，河南省社会体育管理中心、中共荥阳市委荥阳市人民政府承办的中国象棋文化论坛于2005年11月10日到12日在荥阳举行。

国家体育总局棋牌运动管理中心主任王汝南、党委书记裴家荣、棋牌管理部主任刘晓放、河南省社会体育管理中心主任张振中，以及荥阳市领导杨福平、赵君、付东菊、刘秋梅、刘大成、任元仓、韦庆华等出席了开幕式。

来自全国各地的三十多位象棋文化艺术研究专家、象棋特级大师、大师群贤毕至，欢聚一堂，对中国象棋的起源、发展、演进诸多专题，进行了全方位，深层次地研究、探讨。

与会专家讲棋论道，以棋为媒，以棋会友，促进了互相交流。一致认为：象棋是寓智于乐的游戏，有着深厚的中华文化的历史渊源和极为广泛的社会群众基础，是中华民族聪明智慧的结晶，是中华文明对全人类独特的贡献。大力弘扬中国象棋文化，使之发扬光大、走向世界，是我们责无旁贷的责任。荥阳

王品璋

陈　玮

季本涵

徐家亮

张超英

朱宝位

张晓霞

徐天利

举办象棋文化节对促进象棋文化的发展，起了很好的推进作用。

这次论坛的主要突出的特点是，由以往对象弈技艺的研究，转向了多层次、多角度的象棋文化的研究和传播。

在这次活动中，共有十九位专家，学者宣读了论文（上图：部分专家在“论坛”上）。从这些论文的题目选材，可以了解到象棋文化的内容非常丰富，发展的前景十分壮阔。论文有《雅俗共赏话象棋》（韩宽）、《浅谈象棋文化的底蕴》（陈玮）、《象棋文化与教育》（黄少龙）、《象棋——传统文化艺术与现代竞技体育之交融》（孙志伟）、《感悟象棋人生》（徐天利）、《起起落落数百秋》（杨百伟）、《象棋“一棋两规”现象的思索》（季本涵）、《从实物看各朝代棋子的常用写法及变体》（张超英）、《如何做好中国象棋的新闻报道》（李中文）、《略谈象棋科学化的定义》（阮宜正）、

《论棋手的素质和修养》（王品璋）、《一册姗姗来迟的残本残局谱》（刘国斌）、《关于象棋的起源》（徐家亮）、《计算机应用与象棋文化》（栾晓峰）、《论象棋艺术的发展前景》（张晓霞）、《自出洞来无敌手问世考》（张丰）、《象棋竞赛管理科技化的新尝试》（朱宝位）、《有关象棋文化促进健康长寿的研究》（董齐亮）、《象棋可再发掘功能谈》（陈孝堃）。这些论文都收入到付东菊、任元仓主编的《棋道论天下》一书中（中国文史出版社出版）。论坛气氛活跃，学术探讨严谨，许多论述都得到强烈的反响，对象棋文化的学习研究起到良好的推动作用。

世界象棋联合会学务委员会主任陈团生先生也闻讯赶来，参加盛会。

中国象棋文化论坛与会代表合影

“楚河汉界杯”河南省象棋锦标赛

在首届中国象棋文化节期间，还举办了“楚河汉界杯”河南省象棋锦标赛。赛事由河南省社会体育管理中心和文化节组委会竞赛组织组承办，由全省各棋协、棋院、俱乐部选拔推荐的选手120人参赛。由张振中（河南省社会体育管理中心主任）任竞委会主任，吴亦农（河南省社会体育管理中心副主任）、王万军（荥阳市教体局副局长）任副主任，毕勇刚（河南省社会体育管理中心业务四部主任）任秘书长，竞委会委员有毕勇刚、田间，席艳、王聚群、陈汴华、党俊、武金明、江玉明和各市县代表队领队，仲裁委员会成员有吴亦农、毕勇刚、田间，席艳任竞赛组组长，王聚群任裁判长，党俊、武金明、江玉明、廖建军任裁判员。

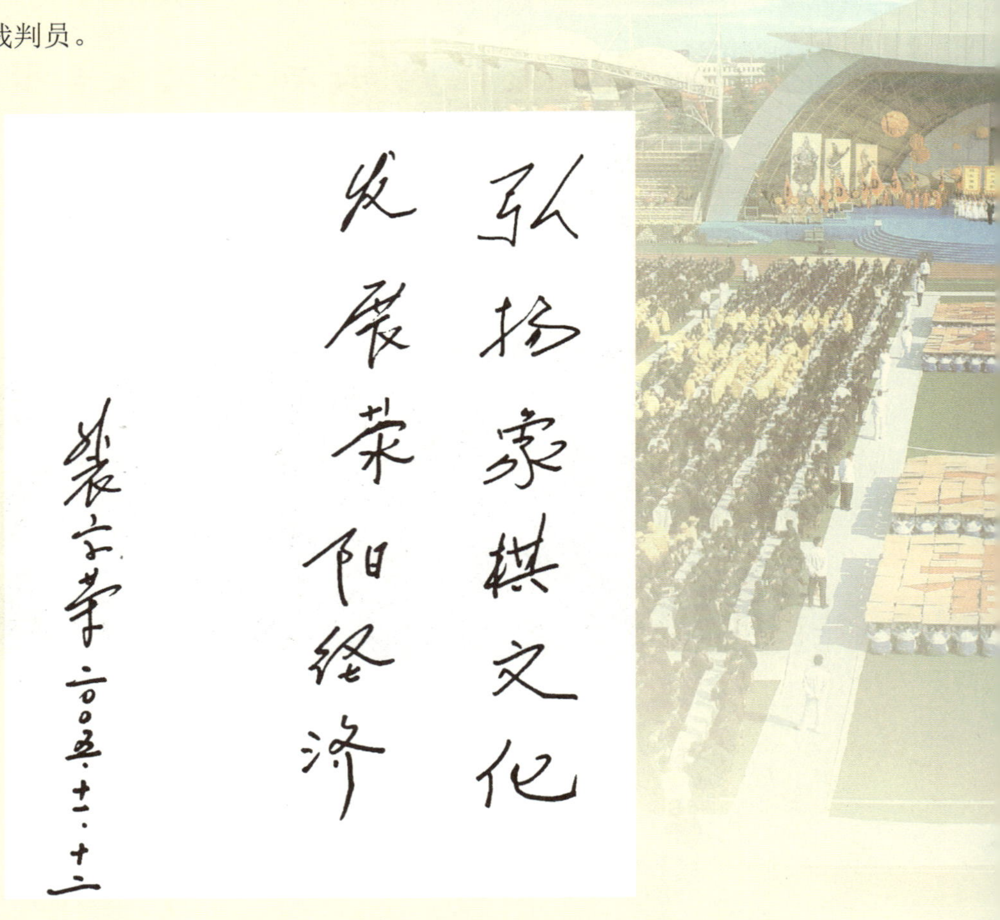

弘扬象棋文化
发展荥阳经济

二〇〇五.十二.十二

竞赛于11月8日至12日在荥阳市第一招待所进行。参赛选手中，有多次代表河南省参加全国比赛的棋协大师李林、颜成龙、姚宏新、也有往届省锦标赛的冠军李忠雨、高郑生。这一次，参赛的小棋手明显增多，仅十岁以下的就有4名。特别是女子小选手的棋艺水平令人刮目相看。

经过四天时间的九轮鏖战，姚宏新、张峰、武俊强夺得男子组前三名；宋扬、郑春生夺得女子组冠亚军。在整个比赛中，柳大华、于幼华等象棋特级大师多次临场助兴，与选手们广结棋缘。

象棋广场落成典礼与象棋车轮战

2005年11月12日下午，首届中国象棋文化节各项赛事在新建成的荥阳象棋广场颁奖，同时举行荥阳象棋广场的落成典礼。

荥阳象棋广场，位于坛山西侧，310国道和郑上路之间，东临刘禹锡公园、东北为紫铜巨塑郑氏三公像和成功广场、北连荥阳市体育场、隔京城路与荥阳

荥阳市象棋广场落成典礼

市植物园为邻。广场昂立着项羽跨马挽弓、刘邦驾车扬剑的大型铜质塑像，中以潺潺流水界分黑红双方，并以青石雕刻的棋子布成“骐骥一跃”残局。每枚棋子直径6米，厚40厘米，约重20吨。

取此残局的历史背景为项羽在灵璧大败汉军之后，追歼汉军至荥阳，并在荥阳京索之间与汉军展开较量。故而，此残局塑于广场上的形态是黑方气势汹汹率先动手（见第四章119页《骐骥一跃》残局图。此图在本书中，已改为红先黑后）。象棋广场与楚汉对峙的广武山遥相呼应，让人们感受历史的厚重。

象棋广场用地5万多平方米，分三个部分：棋盘广场、青少年活动中心、休闲广场。棋盘广场长88米，宽80米。广场入口处，石雕老翁与童子对弈游戏，谐趣横生、憨态感人。

国家体育总局棋牌运动管理中心党委书记裴家荣、象棋部主任兼秘书长刘晓放、世界象棋协会学部主任陈团生、河南省社会体育管理中心主任张振中，以及荥阳市领导杨福平、李建东、赵君、姚金领、付东菊、车建伟、王伟等出席颁奖仪式，并为象棋广场落成剪彩。

与会贵宾于象棋广场留念

国家体育总局棋牌管理中心象棋部主任刘晓放、河南省社会体育管理中心主任张振中及柳大华、于幼华等象棋特级大师向象棋文化节万人竞技大赛和“楚河汉界杯”河南省象棋锦标赛优胜棋手颁发奖杯和证书。

河南省社会体育管理中心向荥阳市颁发了首届象棋文化节活动纪念杯。

荥阳市人民政府市长杨福平向柳大华、于幼华、胡明、金海英、郭莉萍、张国凤六位象棋特级大师颁发证书，授予他们荥阳市荣誉市民的称号。

市长杨福平在讲话中说：荥阳将发扬一往无前的过河卒精神和一马当先的拼搏精神，弘扬象棋文化，促进经济发展和社会全面进步，把荥阳建设成中国象棋文化和以楚河汉界历史文化为中心内容的文化名城。

国家体育总局棋牌运动管理中心党委书记裴家荣说：中国象棋与荥阳这座历史名城有着深远的历史渊源。“楚河汉界”鸿沟不仅留在这座历史名郡，留

柳大华应对车轮战

胡明应对车轮战

于幼华应对车轮战

张国凤应对车轮战

陈孝堃应对车轮战

战金海英应对车轮战

蒋全胜应对车轮战

郭丽萍应对车轮战

在了中国象棋棋盘上，而且也留在了中华历史的灿烂进程中，留在了全国各地广大棋迷的心中。荥阳已无可争辩地成为中国象棋的策源地。

2005年11月12日下午，参加首届中国象棋文化节的柳大华、于幼华、陈孝堃、蒋全胜、胡明、金海英、郭莉萍、张国凤等十位象棋特级大师，以及“楚河汉界杯”冠亚军获得者姚宏新、张峰与赶来荥阳参加象棋文化节的全国各地的象棋爱好者展开“车轮大战”对弈。

在象棋“车轮战”中，荥阳市象棋协会从众多的象棋爱好者中，组织了240名代表与大师们直接对弈过着。每位特级大师和大师们面对20名棋手的轮番进攻，镇定自若、巧谋棋局，不同棋势、不同思路、挥洒自如，充分展现了大师们国手的风采。而象棋爱好者的代表中，也颇有一些能征惯战之将，频频让大师抖擞精神，着力应对。

荥阳象棋广场的“车轮战”象棋对弈，展现了象棋特级大师和大师们高超的棋艺，

展现了普普通通的象棋爱好者虚心求进、奋发拼搏的进取精神，充盈着荥阳人民发展象棋文化的开拓理念和充沛的信心。

汉霸二王城喜迎嘉宾

隔着深如天堑的鸿沟，霸王城和汉王城在广武山两座山头上，近在咫尺而又遥遥相望了两千多年。

2200多年前，楚霸王项羽和汉王刘邦在这儿对峙了将近一年之久，并以鸿沟为界“中分天下”，鸿沟作为“楚河汉界”因此而定格在象棋的棋盘上，从而界定了黑红双方的“九五”之争。

参加首届中国象棋文化节的象棋文化的专家学者和象棋大师们，专程来到这里游览。面对山脚下的滔滔黄河、临身鸿沟侧畔，兴趣盎然地倾听史志专家引经据典的介绍，心神俱入地腾越时空，来到了当年金戈铁马铮鸣的岁月，情不自禁地心血澎湃，感慨万千。

象棋文化专家和象棋大师在霸王城

参加论坛的领导、象棋大师、象棋理论工作者到鸿沟游览

国家体育总局棋牌管理中心主任王汝南意味深长地说："我们过去都是在棋盘上看到'楚河汉界'，但是并没有和荥阳联系在一起，只是跟楚汉相争联系在一起。这一次到这里一看，印象就非常深了。从中国象棋的角度讲，也是一种寻根"。他还指出："关于象棋文化，荥阳研究的也很深入。从棋盘的纵横线条的组合上，发现'九五'的意蕴，发现'九五之争'，很有意义。"

象棋文化学者、专家和象棋大师们兴趣极高，怀着热烈的心情，在"汉霸二王城"纪念碑前、在鸿沟标志碑前、在"战马嘶鸣"的巨型铁塑前，更在鸿沟引黄的"入口处"摄影留念。谁不想把哺育中华民族的母亲河黄河和鸿沟一块儿，留在人生欣喜而得意的瞬间？

五、棋道论天下

《楚河汉界及其他》

《楚河汉界及其他》一文之内容，大多得之于民间，经原河南省体委象棋教练庞凤元老师指点，遂与典籍相结合而考证之，方撰写成篇。先后，宣读于“全国象棋八强赛”期间举办的“中国象棋文化报告会”，且由蜀蓉出版社出版发表。又有诸多报刊引用其内容，终使荥阳民间象棋文化得到科学性的传播，推而广之。

此文重点在于棋盘上“楚河汉界”的来历、产生的历史缘由。兼述象棋棋子分黑红二色的历史形成，以及象棋运动的特性，“斗智不斗力”之精神内涵。指出，荥阳民间关于象棋文化的精辟的传说，是从象棋制艺的具体形象衍生，且有历史史实的科学依据。指明，现今象棋制艺的文化形态，策源于楚汉逐鹿于广武山隔鸿沟的对峙。

《楚河汉界及其他》宣读于象棋文化报告会

由民间传说，缜密地结合《史记》等典籍的记载，具体地表明“鸿沟为界，中分天下”艺术化于象棋棋盘正中的“河界”；楚尚黑，汉尚红，艺术化于象棋棋子双方的颜色；楚汉隔鸿沟几近一年的相峙中，刘邦回答项羽“吾宁斗智，不能斗力”，更从文化思辨的深层次上，升华为象棋运动的鲜明特性。

《九宫卒五及其他》

《九宫卒五及其他》撰写的本意，原为探讨现今象棋制艺的通盘布局，探讨其中的历史形成和文化内涵之奥妙。那知，在探讨中发现了组成棋盘的纵横线条，竟然具有深厚的文化意蕴“竖九横五”。

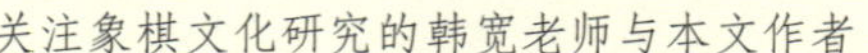
关注象棋文化研究的韩宽老师与本文作者

认识到竖指的是高，横指的是方位，阐述竖九指的是最高，横五指的是最广（包涵“东西南北中”），需要相当的学识深度和智慧。而在此基础上，把竖九横五紧密联系于棋盘，便形成了“九五”的意念；再联系楚汉逐鹿的“鹿”、“鸿沟为界，中分天下”的“天下”。“九五之争”乃象棋艺术的主旨，便跃然于纸上。

陈祖德先生在鸿沟侧畔听到这一讲述时，甚为兴奋，连声说：“象棋文化的这一发现，十分难得、十分重要。”王汝南先生在“中国象棋文化论坛”上，听到“象棋棋艺的主旨是‘九五之争’”后，意味深长地说：“每月每日面对象棋棋盘的不说多少亿人，起码总有好几千万吧？都没有发现这么重要的文化内涵。你们荥阳能发现很了不起，实在了不起。”在韩宽先生（“全国象棋八强赛”副裁判长、《中国象棋年鉴》编委、《象棋知识丛刊》编委、《象棋规则问答》编著者）和程明松先生的关注下，此文也由蜀蓉出版社发表。

《国际象棋的文化基因源于河洛》

不仅现今的象棋制艺其文化底蕴源于荥阳楚汉逐鹿，而且唐代和唐代以前流行的象棋制艺其文化基因也与荥阳多有关联。硬是一脉相承地源于古成皋地区的洛汭、源自古成皋地区的丕山（芣山、大伾山）。经缜密而深入地探讨，丕山（芣山）脚下的洛汭，正是河洛交汇使伏羲发现“黑白鱼”太极图的地方。所以，荥阳与古代象棋的萌发，深有渊源。而中国古代象棋的制艺流传于域外，便产生了国际象棋。《国际象棋的文化基因源于河洛》对此作了深刻的论述。

国际象棋的实际状态是一副颇有文化内涵的棋盘和六种不同名目的棋子。

考察、解读它的历史、寻它的文化之根，当然不应离开它的本身。离开它的本身去考察，统统是远离根本和不着实际的。国际象棋的本身既然分棋盘、棋子两大部分，并加行棋基本态势，我们就应该从这里来认知。

19世纪英国水笔画棋盘

宋初苏绣“琴棋书画四扇屏”之唐代象棋棋盘

棋盘以纵横线分为六十四个格子，且格子并非纯色，而是黑白相间。即：六十四个格子每相邻的两个为黑与白；每相邻的四个（左右上下）为“黑白白黑”或“白黑黑白”。这“黑白白黑”或“白黑黑白”，是组成象棋棋盘的基本文化单位，是文化细胞。棋子六种，以“王”最为重要，“王”毙则棋输。行棋的态势是：棋子移动在格子内，可上下（纵）、左右（横）、斜步进行移动。

威廉•琼斯那么注目于六种棋子之一的“象”，偏偏忽略了六种棋子一举一动皆依附的棋盘，实在是以小弃大，以“附”弃主。或者，他不是忽略，而是他根本不懂棋盘本身所深涵的东方文明。稍有一点中华文明知识的都知道：六十四格的整体布局即涵有六十四爻，涵有《易经》八卦之象。相邻两格的颜色黑与白，西方的（包括印度、古埃及、巴比伦两河流域）文化无法解释，而

在中华文明中一望即知其为阴与阳。这，在古老的中华文明中，是哲理与神秘并行的根本。而六十四格的黑白相间的排列，更有着文化理念的使然。这一文化理念从根子上说，是阴阳变化的理念（即：“易”的理念、“象”的理念）。棋子活跃于六十四格里，无论是大步、小步、纵步、横步、斜步，都要遵循“黑白（阴阳）变化”之理。如若“黑白”二色不易看清其文化内涵，咱一换成固有的表示“黑白”的线条符号（八卦符号）,即可很清晰地理解其文化内容和文化属性。黑（阴）换成“⚋”，白（阳）换成“⚊”，则相邻四格可换成“⚍、⚎”，或“⚏ 、⚌ ”。依行棋态势，上下行，则有“⚍和⚎”的易象；斜行，则有“⚏”和“⚌”的易象。我们知道，⚍是八卦中的少阴，⚎是八卦中的少阳、⚏是八卦中的太阴（老阴），⚌是八卦中的太阳（老阳），这四个格子由阴阳可衍生出少阴、少阳、太阴、太阳，也就是说可衍生“四象”。这四象即《易经•系辞传上》说的：“易有太极，是生两仪（阴阳），两仪生四象，四象生八卦（六十四爻）”。国际象棋棋盘的本身即标明了太极（阴阳变化）、两仪、四象、八卦的文化现象和文化基因。而这独特的文明，印度的古代有吗？西方的古代有吗？产生太极图象、河图洛书的地方，就在洛水入黄河处，其近旁的三皇山、浮戏（伏羲）山大名煌煌；伏羲演八卦的“八卦台”也耸立于紧临洛口的丕山（大伾山、芣山）上。“否极泰来”在呼唤着世人；“丕变之说”在昭示着辩证；丕山、丕山，正表明了它是伏羲氏观象知易之地啊！

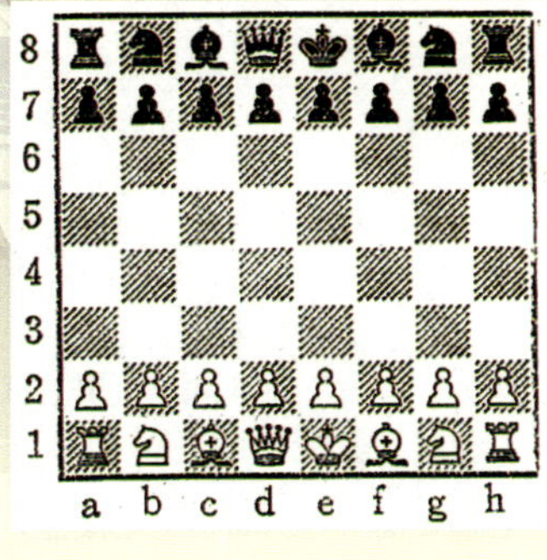

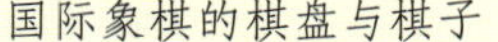

国际象棋的棋盘与棋子

国际象棋的文化基因“四象”

国际象棋的文化基因源于河洛，不是一目了然吗？

《浅谈象棋文化之底蕴》

首届中国象棋文化节期间，隆重地举办了“中国象棋文化论坛”。荥阳文史工作者以《浅谈象棋文化之底蕴》为题，讲述了中国象棋萌发、演进的概略。特别从文化的浸润与传承上，明晰出了一条脉络，得到与会的象棋文化研究学者和颇有建树的理论家的热烈欢迎与赞同、认可。其内容共有：“正确认识鸿沟，认识楚河汉界”、“九五相峙与九五之争”、“从《赠棋者》等资料看象棋之演进”、“‘四象’是唐代象戏的根本”、“‘六甲’神将活跃于世界万象”诸多方面。

由于这是一篇具有综合阐述性质的文章，复述了本文撰写者其他文章的有关内容，但其首要论述在于真正地认识鸿沟，从而真正地认识“楚河汉界”。

霸王城头观日出

鸿沟近貌

多年以来，由于“后文化”（特别是民国以来的“后文化”）的影响，许多人对鸿沟原始水路的认识产生了偏差。如民国《河阴县志》一改清代初年申奇彩《河阴县志》关于鸿沟的记述（亦改明•嘉靖《荥阳县志》的记述），遂使历史的真相遭到了“篡改”。他们以《水经注》上所记载的济水水路，取代鸿沟的原始水路。即引用《水经注》所述之“济水又东迳西广武城北，济水又迳东广武城北，济水又迳敖山北”，来否认“汴水”经广武涧（鸿沟经广武山一段的别名）南溢和与旃然河相会。且又补充说：“在广武二城之中，地势南高无吐口，汴水岂能飞流？”更进一步“坐实”广武涧并不是像许多古代典籍记述的那样，是汴水的水路（即不是鸿沟）。其实，他们的篡改是不值一驳的，

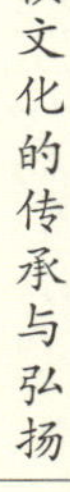

只是人们没有认真地考证而已。首先要认识到《水经注》上所记的“济水（即汴渠）”水路，并非济水当初顺阴沟南溢的水路，而是东汉明帝命王吴改修之后直通千乘海口的水路。这，根本不能和原本之鸿沟混为一谈。更重要的要认识到今日广武涧“南高无吐口”，并非古代历史上即“南高无吐口”。同出于《水经注》的一段关于广武涧的记述说：“两城（指东、西广武城）之间，有绝涧断山、谓之广武涧。”《通鉴》也记述：“广武有二城……夹城之间有绝涧断山，曰广武涧。”《前汉书•地理志》则从广武山南麓的地理形态进一步记述：“荥阳县冯池在西南是也。东北流，历敖山南，迳虢亭北又东北流，迳荥阳（指“荥阳故城，今之古荥”）北断山，东北注于济（即汳水）。”三部典籍都记载“绝涧断山”，古时之广武涧乃“断山”之涧，怎会“南高无吐口”？今日地形“南高”怎可否定古时之“断山”？何况，连民国《河阴县志》自己也承认：广武山南麓之樊河村“村西一沟北来，上端与广武涧相隔无几。”这，分明是广武涧中偏南之处，因水路两边山体塌方造成了今日之“不通”。如此形成于后世的地理形态，岂能篡改得了广武涧乃鸿沟一部分之历史原貌？《郡国志》曰：“荥阳有鸿沟水是也”；《杜佑通典》曰：“荥阳县有鸿沟，乃楚汉分境之所”；《方舆纪要》曰：“（鸿沟）在河阴县东北，接广武山，与荥泽相连”；《河南通志》曰：“在河阴县东北十二里，即楚汉分界处。一曰广武涧，北接广武山，与荥泽相接。”这些经典众口一词，当能还鸿沟迳广武山两城之间的历史原貌。

这篇文章之所以在“中国象棋文化论坛”上得到众多象棋文化理论家和象棋大师们的热烈欢迎，就在于它对历史深入的实事求是的研讨，为象棋棋盘中心的河界正了名，彰显了历史意蕴。同时，还使人们对“九五之争”、“四象之博”、“六甲之符”、“厥七之形”都有了一个较为明晰的认知。

《棋道论天下》一书出版

中国文史出版社出版的《棋道论天下》一书，由国家体育总局棋牌运动管理中心主任王汝南写《序》，收录了国家体育总局棋牌这运动管理中心党委

荥阳市委副书记赵君讲话

荥阳市委常委、宣传部长付冬菊讲话

书记裴家荣在“中国象棋文化论坛”开幕式上的讲话、荥阳市委书记丁福浩在“首届中国象棋文化节”开幕式上的讲话、荥阳市市长杨福平在“首届中国象棋文化节”闭幕式上的讲话、荥阳市委副书记赵君在“中国象棋文化论坛”开幕式上的致辞、国家体育总局棋牌运动管理中心象棋部主任刘晓放在“中国象棋文化论坛”闭幕式上的讲话、荥阳市委副书记赵君在“中国象棋文化论坛”闭幕式上的致辞，收集了19位象棋文化研究学者、理论家的主题发言。由荥阳市委常委、宣传部长付冬菊和荥阳市副市长任元仓任主编。

赵君在“中国象棋文化论坛”闭幕式的致辞说：“本次论坛是中国象棋界的一次盛会，对于弘扬象棋文化，发展象棋事业具有重要的意义。会议期间，来自全国各地30多名嘉宾及中央、省、市各级新闻记者参加了本次论坛，可以说是精英荟萃，盛况空前，论坛办得非常成功，开辟了象棋文化事业发展的新境界。各位专家学者、象棋大师围绕象棋的起源、楚河汉界与象棋文化、象棋文化的发展、象棋的产业前景等有关问题，从不同侧面和角度，进行了深入探讨，取得了丰硕成果。

付冬菊、任元仓编著之《棋道论天下》

在本次论坛期间，大家亲临鸿沟进行了参观，领略了当年楚汉争霸的宏伟气势，对楚河汉界与中国象棋文化进行了研讨，确认了荥阳是象棋文化的策源地，对于我们荥阳发展象棋文化，确立“象棋之都”的地位起到了举足轻重的作用。

中国象棋文化论坛是国家体育总局棋牌运动管理中心、河南省社会体育管理中心、中共荥阳市委、荥阳市人民政府共同举办的一次活动。为了开好这次论坛，国家体育总局棋牌运动管理中心、河南省社会体育管理中心做了大量的工作，从计划筹备，到具体落实，付出了艰辛的劳动，各位专家学者及象棋大师，都进行了精心的准备，本次论坛上做出了高水平的演讲讨论，使我们受到了一次象棋文化的熏陶，开阔了我们发展象棋文化的思路，我们感到受益匪浅。在此，我代表组委会及荥阳市委、市政府及62万荥阳人民对国家体育总局棋牌运动管理中心、河南省社会体育管理中心及各位嘉宾、新闻界的朋友们再次表示深深的谢意。

作为象棋文化的策源地，我们今后要以这次象棋文化节为契机，以这次象棋文化论坛的成果为动力，打好象棋牌，以棋会友，以棋招商，大力发展文化产业，以文化促进经济社会的发展。

《象棋·乡土教材小学课本（10册）》

荥阳市为普及象棋文化、发展象棋运动，编撰了一套《象棋•乡土教材小学课本（10册）》，这套书，首页即发表了“编辑说明”。

象棋是一项集科学、文化、竞技为一体的智力体育项目，它与琴、书、画并列，是中华文明宝库中光辉夺目的一颗明珠。

荥阳是象棋文化的策源地、是中国象棋之都。近年来，市委、市政府高度重视象棋文化的挖掘、保护与弘扬，先后举办了《首届中国象棋文化节》、《首届象棋文化论坛》、《“楚河汉界杯”全国象棋棋王争霸赛》等一系列活动，有力推动了象棋文化的传播和发展。为了广泛普及象棋文化教育，依据教育部体卫艺司、国家体育总局群体司《关于在学校开展“围棋、国际象棋、象棋”三项棋类活动的通知》[教体艺司(2001)7号]文件精神，市委政府组织编撰了这套象棋教科书，由荥阳市著名作家、诗人、象棋文化研究卓有成果的史志学者陈玮先生编撰。这一套十册乡土教材《象棋》教科书，适用于小学一年级下学期至六年级上学期；书的文笔活泼，儿歌故事并重；内容重点介绍了我国象棋文化的基本知识、象棋着法、行棋规则、象棋艺术的基本技能、棋手的棋品和棋坛的棋风等。

本套教科书还吸纳了海内外象棋棋艺研究的许多成果，引用了《橘中秘》、《象棋入门》等书的部分棋例，体现了三大特色：①儿歌童谣口吻，适合稚龄学童易学易记；②象棋文化基本知识的色彩浓郁；③循序渐进地提高行棋技能，与儿童年龄段结合的较为适宜。本书的编撰，得到了中国棋院和河南省体育局、河南省棋牌院等有关领导的大力支持，和荥阳市杨福平、袁三军等领导同志的亲切关怀。同时，市第三小学校长张振敏、副校长陈明丽及有关教师在该书编撰的试讲过程中付出了一定心血，市一中教师王鲁飞为本书提供了全部插图，在此一并表示谢意。

小学生课外对弈

让“三棋走进课堂”，为从小培养孩子们的智慧、陶冶孩子们的情操、促进孩子们幸福成长，做出特色独具的贡献！

六、象棋进学校

作为象棋文化的策源地、作为象棋活动较为普遍的地区，也面临着象棋文化深入开掘和象棋艺能充实提高的挑战。荥阳市委、市政府和依据教育部体卫艺司、国家体育总局群体司《关于在学校开展“围棋、国际象棋、象棋”三项棋类活动的通知》〔教体艺司(2001）7号〕文件的精神，大力开展“象棋进学校”的活动。其有力举措之一，便是编撰一套适合小学学童教学的乡土教材。而教材的产生，与课堂教学、课外实践紧结合，得到了比较理想的效果。接着，又大力培养掌握一定象棋技能与文化知识的体育教师。让他们理解教材、熟悉教材，更会利用教材结合学童特性步步深入诱导贯彻，达到培养趣味、钟爱象棋出现“小棋迷”的活泼形态，并使他们益智敏思而受到诸多哲理的潜移默化。

课堂讲授象棋

现今，在荥阳城乡大多小学校已实现了“象棋进学校”，并结出了丰硕成果。正进一步提高师资水平，使百尺竿头更进一步。

七、全国性、普及性的象棋活动在荥阳

紧接着象棋文化节，2006年荥阳市承办了全国象棋等级赛；2007年荥阳市举办了荥阳市范围的象棋赛事；2008年，荥阳市举办了全国范围的“荥阳•楚河汉界杯”象棋棋王争霸赛（业余棋手），除男子国家大师以外，全国棋手均可报名参赛。比赛分为周赛、月赛和年终总决赛，每月前三周的周末举办周赛，每月最后一周的周末举办月赛，月赛前八名棋手获得参加年终总决赛资格。年底举行总决赛，冠军奖价值10万元小汽车一部，同时被授予“楚河汉界棋王”、“荥阳市荣誉市民”光荣称号。2008年5月31日，经过组委会精心筹备，大赛启动仪式在市体育馆成功举办。5月31日至6月1日，首场月赛在嘉盛世纪宾

馆隆重举行。从5月23日到12月23日，在八个月的时间里举行了11次象棋宝贝选拔活动、20场周赛、7场月赛和1场总决赛，参赛棋手涉及28个省1500人，参与群众近万人，创造了中国象棋史上周期最长、规模最大、创意最新、奖金最高的业余象棋棋手的顶级赛事。该赛事得到了社会各界及全国棋手的高度关注和认同，广东象棋网专为本赛事举行的网络直播帖子的点击率达到7万次。网民热议："南有广东、北有荥阳"，棋手则把荥阳比喻为"中国象棋热土"、"棋手们的精神家园"、"全国棋手心目中的圣城麦加"。

"荥阳•楚河汉界杯"象棋棋王争霸赛已经成为全国业余棋手心目中最经典的圆梦赛事，寄托了棋手们无限的憧憬和希望，楚河汉界象棋文化策源地荥阳已通过该赛事把全国棋手的心紧紧吸引，该赛事也因此成为具有价值的赛事品牌。河南省棋牌院院长毕勇刚高度赞赏该赛事所取得的成绩和荥阳市委、市政府为弘扬象棋文化所做出的巨大贡献，称"荥阳是全国唯一由政府全力支持象棋事业的地区"。2008年，楚河汉界象棋成功申报郑州市级非物质文化遗产

小学生课堂学习象棋

象棋特级大师柳大华与小棋手

中学生课堂对弈

名录。2009年，荥阳市承办了河南省象棋选手选拔赛。2011年，荥阳市举办了荥阳市象棋电视擂台赛。2013年，荥阳市承办了“清华园杯”河南省象棋公开赛。同年荥阳成功申报“中国象棋文化之乡”。

八、象棋棋具的开发

荥阳生产的陶质象棋子

荥阳市民间有相当多的棋迷，无论是工人、农民、知识分子或国家干部中都有众多的棋迷爱好者。在下象棋之余，有些棋迷就开始了棋具的制作和研发。荥阳市政府大力宣传象棋文化，也促进了象棋棋具的发展，特别是爱好者把象棋作为地方文化礼品进行馈赠时，更是让棋具开发红极一时。

最初棋迷是为了自娱自乐，自制象棋棋子和棋盘。从棋子上看多为木头、竹子、泥巴、石头、橡胶、陶瓷、金属等，从棋盘上看，多为粗布、丝绸、

荥阳出品的白玉象棋

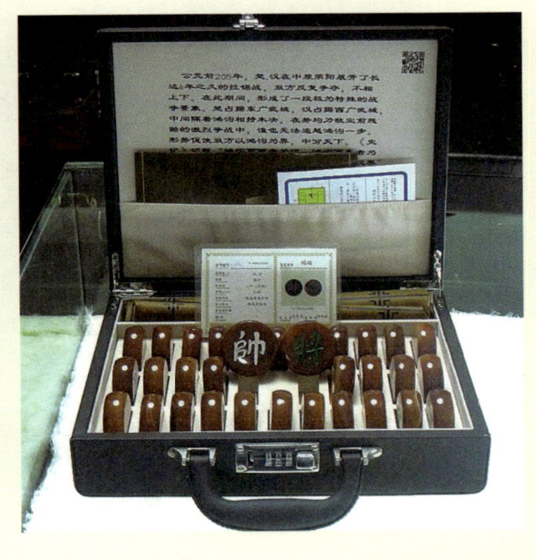

荥阳出品的玛瑙象棋

荥阳出品的刺绣棋盘

荥阳出品的“龙鳞”象棋

荥阳出品的电子象棋

荥阳出品的小叶紫檀象棋

荥阳出品的岫玉象棋

荥阳出品的崖柏象棋

荥阳出品的黑檀象棋

皮革、木板、铁皮、钢板、橡胶板等。从棋盒上讲多为木制、皮质、布艺、塑料、铁盒等。从工艺上讲，棋子多数为阴文汉字标注，个别为阳文标注，棋盘多数标明“楚河汉界”，个别出现图案造型配饰。总体来讲实用象棋较多，艺术造型象棋较少。

近年来，由于象棋运动的发展，现代工艺象棋棋具日益增多，中高端棋具也不断涌现。比如金银铜等贵金属制品象棋，玛瑙、翡翠等玉石类象棋，文化气息浓郁的甲骨文象棋和“龙鳞至尊”象棋，带有直播功能的高科技电子象棋等。纷纷投入市场运作，实为象棋文化发展的新动向、新成果。

辟如电子象棋，象棋棋子为铝材精工制作，内含芯片。棋盘为电子设备，在传统手动下棋方式行棋时，电子棋盘可自动记录红黑双方的棋谱，并且能够做到与网络和电子显示屏实时传输，达到现场直播和网络直播效果。

九、“象棋文化之乡”授牌

荥阳市“非物质文化保护中心”以《楚河汉界•象棋》为题于2007年申报

申报“中国象棋文化之乡”、“中国嫘祖文化之乡”国家专家组考察论证会

郑州市河南省“非物质文化遗产”保护项目，获郑州市有关领导部门批准。同时，荥阳市文联也开始了《中国象棋文化之乡》的申报工作。经郑州文联主席

钟海涛和郑州市民协的大力支持，河南省文联副主席兼省民协主席夏挽群。率领有关专家到荥阳初步考察后，表示完全赞同荥阳市关于“象棋文化之乡”的申请，（时在2011年7月）并对这一工作加以具体指导。同时，呈报“中国民协”。“中国民协”审看了有关申报材料之后，迅即派专家到荥阳市实地考察。接着由中国民协分党组成员，副秘书长吕军率领6位专家，再次到荥阳实地考察，并和有关人士举行座谈（时在2013年5月）。国家专家组经多次考察之后，于2013年5月17日正式签发：民协发〔2013〕14号文件，命名荥阳为《中国象棋文化之乡》。

中国民间文艺家协会

民协发[2013]15号　　签发人：罗杨

关于命名河南省荥阳市为“中国象棋文化之乡”的决定

河南省民间文艺家协会并荥阳市人民政府：

荥阳市为河南炎黄文化圈和远古神话密集之地。中国象棋盘上的“楚河汉界”就在荥阳广武山上，是中国上古棋艺六博戏与楚汉战争相结合形成中国象棋文化的始源地。荥阳市党委、政府高度重视对中国象棋文化的传承保护，建立领导机构和专门的学术研究团队，对历史遗存遗迹进行修缮保护，在全市形成了独具特色的象棋文化氛围。经考察论证，决定命名荥阳市为“中国象棋文化之乡”。

中国民间文艺家协会

2013年5月17日

中国民间文艺家协会党组成员、副秘书长张志学同志授牌
荥阳市市委副书记、荥阳市市长王新亭同志领牌

2013年12月22日，在荥阳市文博院举办《嫘祖文化之乡》、《象棋文化之乡》授牌仪式，中国民间文艺家协会党组成员、副秘书长张志学同志把《象棋文化之乡》的标牌，授予荥阳市委副书记、荥阳市市长王新亭。

附录一：在荥阳发表的象棋文化作品名录

作品名称	发表时间	发表单位	作者	备注
象棋探源	1999.1	蜀蓉棋艺出版社	王法星	在象棋文化学术报告会上发言
楚河汉界及其他	1999.1	蜀蓉棋艺出版社	陈　玮	在象棋文化学术报告会上发言
象棋故里在荥阳	1999.1	蜀蓉棋艺出版社	宋国桢 王子官	在象棋文化学术报告会上发言
棋文化是《易》文化，寻根探源到荥阳	1999.1	蜀蓉棋艺出版社	吴　极	在象棋文化学术报告会上发言
领导世界潮流的中国古代	1999.8	蜀蓉棋艺出版社	吴　极	曾在全国象棋八强赛期间散发
发展中华棋艺面临的问题与思考	1999.8	蜀蓉棋艺出版社	吴　极	曾在全国象棋八强赛期间散发
“楚河汉界”今何在？	1999.1	蜀蓉棋艺出版社	韩　宽	在象棋文化学术报告会上的发言
对局选评：五七炮对屏风马	1999.1	蜀蓉棋艺出版社	吕　钦	于全国象棋八强赛
对局选评：中炮进三兵对反宫马	1999.1	蜀蓉棋艺出版社	张　强	于全国象棋八强赛
对局选评：中炮直横车对屏风马进3卒	1999.1	蜀蓉棋艺出版社	陈孝堃	于全国象棋八强赛
风云际会战荥阳	1999.1	蜀蓉棋艺出版社	韩　宽	全国象棋八强赛记实
又是弃车造杀？	1999.1	蜀蓉棋艺出版社	《羊城晚报》	1999年1月28日通讯
楚河汉界的盛事	1999.1	蜀蓉棋艺出版社	《工人日报》	1999年1月29日通讯
誉象棋文化策源地	1999.1	蜀蓉棋艺出版社	陈　玮	诗。为象棋大师们咏于鸿沟侧畔
登广武古战场咏象棋	1999.1	蜀蓉棋艺出版社	陈　玮	诗。为象棋文化理论家咏于鸿沟侧畔
雅俗共赏话象棋	2006.4	中国文史出版社	韩　宽	在中国象棋文化论坛上的发言
浅谈象棋文化的底蕴	2006.4	中国文史出版社	陈　玮	在中国象棋文化论坛上的发言
象棋文化与教育	2006.4	中国文史出版社	黄少龙	在中国象棋文化论坛上的发言
象棋——传统文化艺术与现代竞技体育之交融	2006.4	中国文史出版社	孙志伟	在中国象棋文化论坛上的发言
感悟象棋人生	2006.4	中国文史出版社	徐天利	在中国象棋文化论坛上的发言
起起落落数百秋	2006.4	中国文史出版社	杨柏伟	在中国象棋文化论坛上的发言
象棋“一棋两规”现象的思索	2006.4	中国文史出版社	季本涵	在中国象棋文化论坛上的发言
从实物看各朝代棋子的常用写法及变体	2006.4	中国文史出版社	张超英	在中国象棋文化论坛上的发言
如何做好中国象棋的新闻报道工作	2006.4	中国文史出版社	李中文	在中国象棋文化论坛上的发言
略谈象棋科学化的定义	2006.4	中国文史出版社	阮宜正	在中国象棋文化论坛上的发言
论棋手的素质和修养	2006.4	中国文史出版社	王品璋	在中国象棋文化论坛上的发言

作品名称	发表时间	发表单位	作者	备注
一册姗姗来迟的残本残局谱	2006.4	中国文史出版社	刘国斌	在中国象棋文化论坛上的发言
关于象棋的起源	2006.4	中国文史出版社	徐家亮	在中国象棋文化论坛上的发言
计算机应用与象棋文化	2006.4	中国文史出版社	栾晓峰	在中国象棋文化论坛上的发言
论象棋艺术在当代的发展前景	2006.4	中国文史出版社	张晓霞	在中国象棋文化论坛上的发言
《自出洞来无敌手》问世考	2006.4	中国文史出版社	张　丰	在中国象棋文化论坛上的发言
象棋竞赛管理科技化的新尝试	2006.4	中国文史出版社	朱宝位	在中国象棋文化论坛上的发言
有关象棋文化促进健康长寿的研究	2006.4	中国文史出版社	董齐亮	在中国象棋文化论坛上的发言
象棋可再发掘功能谈	2006.4	中国文史出版社	陈孝堃	在中国象棋文化论坛上的发言
九宫卒五及其它	2010.12	大众文艺出版社	陈　玮	1999年先由蜀蓉出版社出版的棋刊发表
国际象棋的文化基因源自河洛	2010.12	大众文艺出版社	陈　玮	
象棋文化之根	2005.2	《楚河汉界》	陈　玮 陈　上	专著
棋道	2005.2	《楚河汉界》	赵西岳	诗
棋源	2005.2	《楚河汉界》	杨国干	诗
破阵子•象棋	2005.2	《楚河汉界》	邢华昶	词
棋趣（六首）	2005.2	《楚河汉界》	刘明远	诗
中国象棋	2005.2	《楚河汉界》	王怀让	歌曲马丁谱曲
中国象棋文化论坛	2005.11	《楚河汉界》	韩　宽	藏头诗
象棋寻根游	2005.4	荥阳市教育体育局	陈　玮 陈　上	导游手册
象棋•小学课本（10册）	2008.6	荥阳市教育体育局	陈　玮 陈　上	乡土教材用，已经中国棋院审定
象棋文化底蕴	2010.7	荥阳市教育体育局	陈　玮 陈　上	专著

说明：以上著作，分别收入《全国象棋八强赛•专辑》、《棋道论天下》、《历史深处的风景》、《楚河汉界》专刊等书。“表”内记载的最后三部，由荥阳市教体局和荥阳文联内部刊印，其中象棋课本已印10多万部。

附录二：荥阳象棋文化活动大事记

年　代	事　略
汉初 （公元前205年至前202年）	汉王刘邦与楚霸王项羽自汉高祖二年至汉高祖五年，“中原逐鹿”于荥阳四个年头。其中，汉高祖四年十月（汉从秦历，以十月为岁首）至九月在广武山分据西、东广武城，隔鸿沟对峙几近一年的时间，并以“鸿沟为界”，“中分天下”。今，汉、霸二王城与鸿沟遗址尚存，乃国家重点文物保护单位。（后人称鸿沟为“楚河汉界”。）
汉武帝 太初元年至征和二年 （前104年至前91年）	司马迁著《史记》。《史记》一书中提到荥阳达160多次。书中之《项羽本纪》和《高祖本纪》记述了汉王刘邦和楚霸王项羽“逐鹿中原”于荥阳，及在广武山隔鸿沟据西、东广武城，争夺天下天子之位的“九五之争”。（后人象棋制艺的象棋盘，以“竖九横五”的纵横线隔“河界”表示“九五之争”，其文化底蕴盖策源于此。）
北宋 公元1101年—1128年	铜铸象棋子32枚，正面楷书棋目：将、士、象、马、车、砲、卒；背面铸相应图像；色分青红二色（详见本书第三章）。流传于广武山区一带民间。（今，收藏于荥阳市文物保护单管理所）
元代 （约公元1324年—1341年）	铜铸象棋子32枚，正面楷书16枚棋目：将、士、象、马、车、礮、卒之外，红方16枚另书棋目：帅、仕、相、傌、俥、礮、兵；背面铸相应之图像；流传于荥阳一带民间（今，仍在民间收藏人士手中）。
明代 （约公元1368—1644年）	铜铸象棋子32枚，正面楷书16枚棋目：将、士、象、马、车、礮、卒；另楷书16枚棋目：帅、仕、相、马、车、礮、兵；背面铸各棋目相应之图象。 已现世者共有两副，分别为两位荥阳收藏者收藏。另有零散铜铸象棋子6枚：将、士、马、车、卒、卒；为另一荥阳收藏者收藏。
清代 （约公元1790年—1820年）	玉石象棋盘，现世。 （今，收藏于荥阳市文物保护管理所。）
清代 （约公元1821年—1850年）	道光年间，江湖象棋艺人“许先”。在河阴城（今，广武镇）摆棋摊收徒传棋艺。一两粮食（麦豆均可）传残局棋艺一局，收徒（不记名）甚众。（上述记载为传说。得之于1949年时任成皋一中教师赵佑甫。）
民国 （公元1912—1947年）	年年飞龙顶（位于广武山中西部）庙会，道长居住之小院（连通香客客舍），设文人士绅展施象棋棋艺的棋坛。管吃、管住，连番竞技。棋友有兴者，甚至庙会（会期一般3天，亦有长达5天者）结束，仍延留较艺。棋坛设置时间的长短，视较艺者自己的约定;有达半个多月以上者（1939年至1945年因日寇入侵和灾荒除外）。 会期,常有江湖象棋艺人于道观之三义庙、二天门等处，摆设残棋棋摊。
中华人民共和国 1950年—1959年	农村文化俱乐部在荥阳广大农村普遍建立。逢节假日，经常组织村民之间的象棋比赛和俱乐部之间的比赛。对荥阳县象棋运动的普遍开展，起到非常大的推动作用。 荥阳县体育运动委员会，将象棋纳入县体育运动项目。
1974年	象棋文化研究者陈玮（高村乡陈铺头村人）应邀拜访了河南省体委象棋教练庞凤元老师。受庞老师委托，协助其油印了专著棋谱2000部（上、下两册）。

年代	事略
1980年—2000年	1984年，经荥阳县体委和民政局批准，荥阳县象棋协会成立。 每年春节期间，县（市）总工会均组织全县工会会员象棋大赛。工人丁万岭多次获得冠军。 在此期间，县（市）教育局多次组织中、小学生运动会，象棋比赛为常设项目。 在此期间，团县（市）委也多次举办全县（市）青年象棋大赛。丁玉增多次获得冠军。 1985年起，县（市）老干部局也于每年的农历正月初十，组织老干部象棋比赛。
1988年	省体委象棋教练庞凤元老师亲临荥阳培训象棋正规比赛之组织人员与裁判人员。
1988年	河南省首届全省农民象棋大赛在荥阳举办。 庞凤元老师亲临现场指导。 象棋文化研究者陈玮，向庞老师汇报研究成果，获得嘉许（在此前后，陈玮还多次到庞老师家中求教）。
1999年元月	“楚河汉界”杯全国象棋八强赛在荥阳举办。 中国棋院院长陈祖德亲临荥阳，并任“全国象棋八强赛”组委会的名誉主任。 陈祖德院长为“全国象棋八强赛”题词：“棋车结缘”。 陈祖德院长在荥阳史志学者陈玮陪同下瞻游鸿沟与汉霸二王城。听陈玮讲述“象棋棋盘纵横线竖九横五之意义”，提出象棋主旨乃“九五之争”。连声称赞：“象棋文化的这一发现，十分难得，十分重要”。
1999年元月	国家著名象棋裁判王孔兴和著名裁判、象棋棋艺理论家韩宽，分任“全国象棋八强赛”的裁判长与副裁判长。 荥阳市象棋协会顾问陈玮在总裁判台协助工作。 荥阳还有丁万岭、田金泉、陈拴成、史永泉、陈上（荥阳市国家一级象棋裁判）等5人任裁判员。
1999年元月	全国48位象坛群英聚荥阳.其中有声名显赫的象棋特级大师胡荣华、吕钦、赵国荣等11名，象棋大师28名，以及9名棋手等级分高于另外25位象棋大师的象棋英豪。 吕钦、赵国荣、刘殿中、柳大华、李来群、陈孝堃、徐天红、黄仕清获“全国象棋八强赛”之八强。
1999年元月	中国象棋协会主席贾君德也亲临荥阳，并任“全国象棋八强赛”组委会名誉主任。 河南省体委主任封励行、河南省体育总会主席迟美林也担任“全国象棋八强赛”的名誉主任。 中国棋院副院长王祯和荥阳市市长周斌任“全国象棋八强赛”组委会主任。中国棋院象棋部主任胡海波、郑州市体委主任贺广勋等任副主任。

年　代	事　略
1999年5月	由中国象棋协会主办，河南省荥阳市体育发展中心、广武镇人民政府、荥阳宾馆联合承办的“1999全国象棋升级赛”在荥阳市举办。 江苏项阳红等3人晋入大师级，李群等6人晋入业余大师级,荥阳市象棋选手中国营和蔡林保分别晋入象棋九、八级。 全国参加象棋升级赛的数百名棋手，瞻游了汉、霸二王城与鸿沟。
1999年8月	帖增敏、韩宽主编之《全国象棋八强赛专辑》由蜀蓉棋艺出版社出版。
2005年11月	国家体育总局棋牌运动管理中心主办，河南省社会体育管理中心、荥阳市委和荥阳市人民政府承办的“首届中国象棋文化节”在荥阳举办。
2005年11月	在“首届中国象棋文化节”期间，万人象弈于荥阳市体育场。 在万人象弈的赛场，选手们以不同的服色变幻出“荥阳”两个金黄色的大字，为象棋文化策源地添彩。 上海大世界吉尼斯总部总经理将“万人同场下象棋创造世界吉尼斯世界纪录”的证书交给荥阳市人民政府副市长任元仓时，欢声四起。
2005年11月	在“首届中国象棋文化节”期间，由国家体育总局棋牌管理中心主办，河南省社会体育管理中心、中共荥阳市委和荥阳市人民政府承办的《象棋文化论坛》在荥阳龙吟堂举办。全国象棋文化著名研究学者韩宽、黄少龙、王品璋、董齐亮、季本涵等19人发表了研究文章。荥阳史志学者陈玮发表了《浅谈象棋文化底蕴》一文。 参加《象棋文化论坛》的领导、学者、象棋特级大师和大师们30多人，由荥阳市领导赵君等人陪同、陈玮讲述，畅游了汉霸二王城及鸿沟。
2005年11月	中国棋院院长王汝南由荥阳市副市长任元仓陪同游览鸿沟，陈玮介绍并讲述“楚汉黑红相峙”，和象棋棋盘纵横线“竖九横五”“九五之争”的文化内涵。王汝南说：“发现‘九五之争’很有意义”。
2005年11月	世界象棋联合会学务委员会主任陈团生参加《象棋文化论坛》与首届象棋文化节，并赋诗。
2005年11月	中央电视台三套“你想挑战吗？”栏目，直播了首届中国象棋节开幕式。 著名歌手杨洪基演唱了歌曲《中国象棋》。
2005年11月	荥阳市象棋广场落成,举办了典礼.象棋特级大师柳大华、陈孝堃、胡明、郭丽萍等10人在象棋广场与全国各地赶来的象棋爱好者举行了车轮战。 首届中国象棋文化节期间，特级象棋大师柳大华与20位象棋选手下“盲棋”，并一一战胜之。 首届中国象棋文化节期间,在荥阳举办了“楚河汉界杯”河南省象棋锦标赛。 姚宏新、夺得男子组冠军；宋扬夺得女子组冠军。
2006年4月	《棋道论天下》一书由中国文史出版社出版。陈祖德题词：“智慧人生，财富天下”；王汝南作序；付冬菊、任元仓主编。

年　代	事　略
2006年10月	由国家体育总局棋牌运动管理中心主办，荥阳市人民政府承办的"2006全国象棋等级赛暨全国业余棋手锦标赛"在荥阳市举办。 国家体育总局棋牌运动管理中心党委书记、中国棋院副院长裴家荣与河南省社会体育管理中心主任张振中、郑州市体育局局长刘东、中共荥阳市委书记丁福浩、荥阳市政府市长杨福平任组委会名誉主任；中国象棋协会秘书长刘晓放任执行主任；荥阳市副市长任元仓任主任。 荥阳市有陈吉超、孙合义、陈上（国家一级象棋裁判）等18人任裁判员。 参赛棋手来自全国26个省、市、自治区，共234人（男棋手208人、女棋手26人）。
2007年7月	陈玮编撰的乡土教材《象棋小学课本（10册）》脱稿（荥阳市一中教师王鲁飞为本书插图）。 由荥阳市教体局送中国棋院审定，获肯定。
2007年9月	荥阳市第三小学校长张振敏、副校长陈明丽组织《象棋•乡土教材小学课本》在荥阳三小试讲。
2008年	荥阳市教体局主办了全国性的"楚河汉界杯"象棋"棋王争霸赛"。这一比赛的规定是每周天天有赛事，赛出"周冠军"；每月的"周冠军"之间比赛，赛出"月冠军"；当年几个月的"月冠军"之间，在年终比赛，决赛出本年度的棋王。
2008年3月	荥阳非物质文化遗产保护中心成功申报"楚河汉界象棋"为郑州市非物质文化遗产保护项目。
2009年	荥阳市承办了"河南省象棋选手"选拔赛。
2009年	荥阳市文联在河南省文联民间文艺家协会的大力支持下，多方组织材料，向中国文联民间文艺家协会申报《中国象棋文化之乡——荥阳》的申报工作启动。
2010年8月	荥阳市教体局举办全市各小学象棋教师的培训。首次，共培训了66名教师。
2010年9月	在荥阳市委、市政府的大力支持下，荥阳市教体局于荥阳市环翠峪景区举办了"象棋进入小学课堂"的仪式。象棋课程较普遍地正式进入小学。由此，《象棋•乡土教材小学课本（10册）》在荥阳市各小学启用。
2011年	荥阳市举办了荥阳市象棋电视擂台赛，各乡镇与各社区棋手踊跃参赛。
2011年7月	河南省文联副主席、省民协主席夏挽群率多名专家深入荥阳市城乡，视察象棋文化传承、弘扬、发展形态，并召开座谈会，指导"象棋文化之乡"的申报工作。
2011年9月	荥阳市人民政府行文：荥政文〔2011〕216号：荥阳市人民政府关于申报命名"中国象棋文化之乡"并建立"中国象棋文化研究中心"的请示。附有关申报材料，呈报中国民间文艺家协会。

年　　代	事　　略
2011年10月	中央人民电视台《走遍中国》栏目总编导王承友率记者到荥阳了解象棋文化的非物质文化遗产形态及象棋文化弘扬、发展之现状。准备拍摄荥阳系列之《楚河汉界》电视专题。 荥阳史志学者陈玮为此撰写电视专题脚本（草稿）。
2012年	荥阳电视台和荥阳市教体局，开启《快乐象棋》活动，进一步促进荥阳城乡群众象棋运动之发展。
2012年11月	央视四套《走遍中国》栏目，来荥阳拍摄电视专题《楚河汉界》。
2012年	荥阳市象棋产业得到长足发展，白玉、玛瑙以及陶瓷棋具创新出品；高科技电子象棋与手工艺刺绣棋盘，进入了市场。
2013年5月	河南省文联副主席民协主席夏挽群率专家再次到荥阳市考察象棋文化。 中国民协分党组成员、副秘书长吕军率常祥霖（国家“非遗”专家委员会成员、中国文联研究员）、万建忠（北京师范大学教授、博士生导师）、侯仰军（中国民协办公室主任、历史学博士）等6位专家到荥阳考察“象棋文化之乡”的申报。国家专家组举办考察论证会。
2013年5月	中国民协签发：民协发〔2013〕14号文件，命名荥阳为《中国象棋文化之乡》。
2013年	央视四套播放走进荥阳系列专题：《楚河汉界》。
2013年12月	中国民协在荥阳市文博院举办授版仪式，河南省文联副主席，民协主席夏挽群等人参加，由中国民间文艺家协会党组成员、副秘书长张志学将《中国象棋文化之乡》的标牌授予荥阳市，市委副书记、市长王新亭代表荥阳接牌。

说明：中华古代象棋的制艺形态，处于不同时段的演进发展中。已知者，有《六博》、《塞戏》、北周武帝所制的《象经》、中唐牛僧儒所描述的《宝应象戏》，以及北宋初期苏绣所留下的实物“唐代象戏棋盘（与国际象棋棋盘基本相同）”。它们的文化基因，均源自《易》学（“八卦成例，象在其中”），来自荥阳西北部的河洛交汇与丕山（苶山），不再一一记述。荥阳民间象棋爱好者尚收藏一副骨质“像形象棋”，其王的图像为“黑白鱼”太极图，可见古代象棋向现今象棋制艺演进的轨迹（这副象棋产生的具体年代未经鉴定，略述）。现今的象棋制艺形态，其文化精髓策源于楚汉逐鹿在广武山隔鸿沟对峙（“鸿沟为界，中分天下”）的“九五之争”。本“大事记”，即从此记起。

图书在版编目（CIP）数据

中国象棋文化之乡河南荥阳 / 陈玮　韩露主编. -- 北京:
中国文联出版社，2015.8
ISBN 978-7-5190-0259-6

Ⅰ. ①中… Ⅱ. ①陈… Ⅲ. ①荥阳市－概况②中国象棋－体育文化－荥阳市 Ⅳ. ①K926.13②G891.2

中国版本图书馆 CIP 数据核字(2015)第 214875 号

中国象棋文化之乡——河南荥阳

主编：陈 玮　韩 露

出 版 人：朱　庆
终 审 人：奚耀华　　复 审 人：柴文良
责任编辑：王东升　龚　方　　责任校对：付泉泽
封面设计：王　鹏　　责任印制：陈　晨

出版发行：中国文联出版社
地　　址：北京市朝阳区农展馆南里 10 号，100125
电　　话：010-65389142（咨询）65067803（发行）65389150（邮购）
传　　真：010-65933115（总编室），010-65033859（发行部）
网　　址：http://www.clapnet.cn
E - mail：clap@clapnet.cn　　wangds@clapnet.cn

印　　刷：北京艺堂印刷有限公司
装　　订：北京艺堂印刷有限公司
法律顾问：北京市天驰洪范律师事务所徐波律师
本书如有破损、缺页、装订错误，请与本社联系调换

开　　本：710×1000　1/16
字　　数：230千字　　印 张：15.25
版　　次：2015年8月第1版　　印 次：2016年4月第2次印刷
书　　号：ISBN 978-7-5190-0259-6
定　　价：86.00元